Lucie Panzer / Wolf-Dieter Steinmann:
Dem Glück auf der Spur

LUCIE PANZER/WOLF-DIETER STEINMANN

Dem Glück
auf der Spur

Anstöße für Männer und Frauen

INHALT

VORWORT

Dem Glück auf der Spur sind Menschen ihr Leben lang. Die amerikanische Verfassung erklärt das Streben nach Glück sogar zum gottgegebenen Menschenrecht. Allerdings ist das Glück offensichtlich für jeden etwas anderes. Jeder und jede hat andere Träume vom Glück. Deshalb suchen Menschen ihr Glück auf unterschiedliche Weise, und dabei können sie sich in die Quere kommen. Manchmal stehen sie einander sogar im Weg, denn eines gilt anscheinend für fast alle: Sie suchen das Glück in der Regel nicht allein. Geteilte Freude ist doppelte Freude. Menschen möchten ihre Lebensfreude teilen, das Glück miteinander genießen und schaffen es doch nicht. Manche, die sich zusammen auf den Weg gemacht haben, geraten mit der Zeit immer weiter auseinander, weil sie in verschiedene Richtungen streben.

Kann es sein, dass Männer und Frauen verschiedene Träume haben vom Glück? Liegt es also an ihren Genen, dass sie verschiedene Wege gehen? Oder sind Menschen einfach so individuell, dass für jeden und jede Glück etwas anderes ist? Oder kann es sein, dass diese unterschiedlichen Ebenbilder Gottes sich ergänzen können und dann erst wirklich das Glück finden? Leben, an dem nichts fehlt? Kann es sein, dass sie das Glück erst dann finden können, wenn sie einander sagen, was ihnen fehlt und was sie erhoffen? Erwartungen und Hoffnungen, die man für sich behält, führen offensichtlich zu bitteren Enttäuschungen.

Jesus hat versprochen, dass die Menschen „Leben in Fülle" haben sollen, Leben, an dem nichts fehlt. In den Begegnungen mit ihm konnte man erfahren, wie das sein kann. Er hat davon gesprochen und in seinem Verhalten gezeigt, wie man „genüge" haben kann. „Voll genug" sagen Jugendliche dazu. Das ist Glück.

Wir haben in den Beiträgen dieses Buches versucht, Jesu Spuren nachzugehen. Wir haben die verschiedenen Träume vom Glück, die wir – wie alle Männer und Frauen – selbst haben, mitgenommen bei dieser Spurensuche. Und manchmal haben wir Spuren zum Glück gefunden. Einen Weg, den man und frau vielleicht gehen können.

Die meisten Beiträge sind als „Anstöße" oder „Morgengedanken" in den Radioprogrammen SWR 1 und SWR 4 gesendet worden, einige auch als „Wort zum Tag" auf SWR 2.

Wir wünschen den Lesern dieses Buches Lust zum Suchen und Erfolg beim Finden des Glücks.

Stuttgart, im April 2008

Lucie Panzer   *Wolf-Dieter Steinmann*

MÄDCHEN UND JUNGEN

Wachstumsstörungen

Es gibt junge Mädchen, die haben Angst, eine Frau zu werden. Sie sehen bei anderen Frauen, vielleicht bei ihren Müttern, wie Frauen zuerst die Tochter von irgendjemandem sind, dann die Frau von ... und schließlich die Mutter von ... Sie fragen sich: Und wann wird eine Frau als das wahrgenommen, was sie selbst ist? Passionierte Bergsteigerin vielleicht oder Tänzerin, die hervorragende Trompeterin im Musikverein oder die Ärztin im Krankenhaus, der so viele Patienten vertrauen? Mädchen sehen, wie viele Frauen sich dabei überfordern, wenn sie versuchen, allem gerecht zu werden, was man von ihnen erwartet und was sie selbst gern möchten.

Manche Mädchen wollen eines deshalb auf keinen Fall: Frau werden. Essstörungen sind die Folge, sagen die Psychologen. Magersucht. Mädchen wollen, können nicht essen, weil keiner sehen soll, dass sie eine Frau werden. Das kann lebensbedrohlich werden.

Es gibt eine biblische Geschichte, die könnte man auch so verstehen. Sie handelt von einem 12-jährigen Mädchen. Nicht einmal ihr Name wird genannt, nur dass sie die Tochter des Gemeindevorstehers Jairus war, wird mitgeteilt. Vielleicht zeigt sich ja darin, was ihr so zu schaffen gemacht hat: Sie selbst war eigentlich niemand. Nur dass sie die Tochter eines angesehenen Mannes war, das war anscheinend wichtig. Weiter gab es nichts von ihr zu sagen. Dieses Mädchen damals war wie tot. Oder war sie wirklich schon tot? Sie kann nicht erwachsen werden, so könnte man das wohl auch verstehen, was mit ihr geschehen ist. Zu diesem Kind, das nicht leben kann, wird Jesus geholt. Jesus, der nicht verlangt, dass Menschen bestimmten Erwartungen entsprechen.

Er nimmt dieses Mädchen, die Tochter des Jairus, an der Hand. Er sagt zu ihr: „Steh auf!" Für mich heißt das: Du brauchst nicht daliegen wie tot, ohne Lebensmut und ohne Lebenskraft. Du sollst, du kannst leben: dein eigenes Leben. Nach den Gaben und Möglichkeiten und Fähigkeiten, die Gott dir gegeben hat.

Gebt ihr zu essen und zu trinken, sagt er dann noch. Sie soll das Leben schmecken, kann das heißen. Sie soll die Fülle der Möglichkeiten probieren – damit sie findet, was gut für sie ist.

Da wäre vieles zu nennen für Frauen heute, scheint mir, und da sind nicht nur Eltern angesprochen. Männer können ihren Frauen Platz einräumen für eigenes Tun, Personalchefs können Frauen eine Chance geben für den Wiedereinstieg in den Beruf, Frauen können sich gegenseitig entlasten, damit einmal die eine und einmal die andere ihre Möglichkeiten und Begabungen einsetzen kann.

In der Bibel heißt der letzte Satz dieser Geschichte: *„Die Eltern entsetzten sich."* Aber das Mädchen kann aufatmen. Jetzt traut sie sich, eine Frau zu werden.

LP

Traumberuf

Mutter ist kein Traumberuf. Die 8-jährige Annette zum Beispiel würde gerne Tänzerin werden oder Tierärztin, vielleicht auch Verkäuferin oder Krankenschwester. Aber Mutter will sie nicht werden. „Das ist ja blöd. Da muss man ja alles machen, wozu die anderen keine Lust haben", sagt sie. Annette hat genau beobachtet, scheint mir, wie es bei ihr zu Hause ist. Alle erwarten, dass Mutter ihnen den unangenehmen Alltagskram abnimmt, den sie gut selbst machen könnten. Wahrscheinlich hat Annette auch gehört, wie ihre Mutter sich darüber beklagte. Deshalb steht für Annette fest: Mutter ist kein Traumberuf. Dabei könnte es einer sein. Seit der Erfindung von Waschmaschine und Staubsauger ist Hausarbeit keine wirklich schwere Arbeit mehr. Und eine übermäßig große Kinderschar wie früher müssen Frauen heute auch nicht mehr versorgen. Stattdessen können sie ihre Arbeit selbst managen, sie können mit ihren Kindern zusammen sein. Ihr Einfühlungsvermögen ist gefragt, ihre Fähigkeit, mit Konflikten umzugehen und Menschen zu fördern. Und vor allem: Was Mütter tun, ist im ursprünglichen Sinn lebensdienlich. Sie lassen Leben entstehen und wachsen: zuerst in ihrem Leib, und dann sorgen sie dafür, dass die Kinder behütet aufwachsen können. Die Mütter, von denen die Bibel erzählt, sind glücklich, weil sie so an der Schöpfung Gottes mitwirken. Das ist für sie ein Geschenk. Eine Frau namens Hanna fühlt sich dadurch ausgezeichnet. Und Maria, die Mutter Jesu, sagt: „Gott hat Großes an mir getan." Mütter können spüren, Tag für Tag, wie wichtig das ist, was sie tun. Sie spüren, dass sie gebraucht werden. Das kann nicht jeder in seinem Beruf sagen. Natürlich – es gibt Schattenseiten wie in jedem anderen Job auch. Und bezahlt wird sie nicht, diese Arbeit. Aber eigentlich ist Mutter ein Traumberuf.

Warum klagen sie dann, die Mütter, sodass Mädchen wie Annette eines auf keinen Fall werden wollen: Mutter? Mütter klagen, weil sie finanziell schlechter dastehen als andere Frauen. Da muss etwas für den Ausgleich getan werden. Das müsste eigentlich jedem einleuchten. Häufig werden sie als Dienstmädchen und Putzfrau betrachtet. Auch das könnte anders werden. Mütter klagen, weil sie mehr können als Hausaufgaben betreuen, Knie verpflastern und Kinderbegeburtstage organisieren, und weil es gut ist, wenn Frauen auch in anderen Bereichen ihre Sichtweise und ihre Gaben einbringen. Und: Mütter klagen, weil sie möchten, dass das, was sie tun, anerkannt wird. Als ein Beruf wie andere auch. Nein, eigentlich als Traumberuf – für Mädchen wie Annette und ihre Freundinnen.

LP

Streber!

Die PISA-Studie hat es an den Tag gebracht: Unsere Schulen könnten besser werden. Nicht nur die Leistungen, auch die Beziehungen zwischen den Hauptbeteiligten. Eltern könnten mehr Anteil nehmen am Schulleben ihrer Kinder, Lehrer könnten sich für Erfolg und Misserfolg ihrer Schüler stärker interessieren – und die Schüler?

Eine Untersuchung an der Uni Chemnitz hat merkwürdige Dinge zutage gefördert: Schüler schreiben schlechte Arbeiten, um nicht als Streber angesehen zu werden. Die Angst, als Streber zu gelten, führe dazu, dass Schüler, besonders Mädchen ihr Leistungspotenzial nicht ausschöpfen und auf Dauer leistungsschwächer werden. Anscheinend kann einem Mädchen in einer deutschen Schule nichts Schlimmeres passieren, als in Mathe gut zu sein. Dann ist sie sozial bei den anderen unten durch. Drei Etiketten werden dem Streberverdächtigen angeklebt. Sie wollen etwas Besseres sein. Sie schleimen sich bei den Lehrern ein. Und wer als Streber gilt, findet in der Klasse keine Freunde mehr. Der Vergleich mit Kanada und Israel hat ergeben, dass deutsche Schüler hierin ganz vorne liegen. Verstehen Sie das? Denken Schüler, die Sie kennen, auch so? Was hindert uns daran, es anzuerkennen, wenn ein anderer besonders begabt ist und an einer Stelle aus dem Durchschnitt herausragt? Was steckt dahinter? Neid? Und woher kommt er?

Mich erinnert das an die biblische Geschichte von Joseph und seinen Brüdern. Die Brüder waren irgendwie alle gleich. Nur Joseph war anders. Anders begabt. Nicht so sehr fürs Schafe hüten. Von Gott ausersehen, den Pfad der Hirtenkarriere zu verlassen. In einem

Traum wurde ihm das bewusst. Er sah, wie seine Brüder und seine Eltern sich vor ihm verbeugten. Und er hat das auch noch erzählt! Eine ungeheure Provokation für die Menschen. „Dieser eingebildete Kerl will etwas Besseres sein." Der Neid der Brüder wurde so übermäßig, dass sie ihn aus dem Weg räumen mussten. Sie haben ihn als Sklaven verkauft. Erst viele Jahre später wurde Josephs Traum wahr. Er hatte eine politische Karriere gemacht im Ausland, und seine Familie wurde durch ihn vor dem Hungertod bewahrt. Für die Bibel steht fest, dass alle Begabung von Gott kommt, dass Gott Joseph aus der brüderlichen Masse herausgehoben hat. Herausragende Begabung kann ein großer Segen für eine Gesellschaft sein.

In einer Gesellschaft, die auf Wissen und Intelligenz angewiesen ist, können wir uns die Vernichtung besonderer Begabung durch Neid eigentlich nicht leisten.

WS

Lust auf lesen

Haben Sie das Glück, dass Ihr Sohn, Enkel oder Neffe gerne liest? Oder macht der männliche Nachwuchs in Ihrer Familie um Bücher eher einen Bogen? „Lesen ist Mädchenkram", denken viele Jungs. Woran liegt es, dass Mädchen mehr, lieber und besser lesen?

Frank Reifenberg, Autor von Jungenbüchern, nennt zwei Gründe: Zum einen bieten die meisten Jugendbücher eher Identifikationsfiguren für Mädchen. Zum anderen wird das Buch den Jungs von Frauen nahegebracht, und die haben andere Vorstellungen von einem „guten Buch" als Jungen. „Jungs wollen starke Helden, mit denen sie sich identifizieren können. Für Jungs zählen Action, Spannung und Humor, leicht lesbar, direkt", sagt Reifenberg. Ich fand auch Winnetou und Old Shatterhand prima, und meine Deutschlehrerin fragte mich, ob ich nicht auch mal etwas anderes lesen wollte. Und „etwas anderes" hieß: etwas „Gutes". Wer Jungen zum

Lesen bringen will, muss ihnen Lesen als Abenteuer zeigen, das Lust macht. Wäre das nicht etwas für Väter, Onkels und Opas? Wie wäre das? Vater und Sohn miteinander auf der Couch, und Papa liest spannende Geschichten vor. Das müsste doch werden.

Und wenn man den Jungs die Lust am Buch der Bücher, an der Bibel nahe bringen will? Wird das nicht doppelt schwer? Vielleicht geht es aber doch, denn es gibt eine Menge von starken Männern in der Bibel, vielleicht wird nur nicht jungennah genug von ihnen erzählt. Sie werden als Helden eher geglättet oder ganz verschwiegen.

Nehmen Sie Elia, den Propheten. Er ist ein Mann voller Energie, leidenschaftlich, ungezügelt, der Urtyp eines wilden Mannes. Kein bürgerlich-moralisches Vorbild, aber ist das nicht genau der Stoff, aus dem Leseabenteuer sind? Genau der Lesestoff, mit dem man als Junge groß werden kann. Und man muss doch erst groß werden, bevor man erwachsen werden kann. Elia geht diesen Weg mit Gott. Er ist ein einsamer Kämpfer für seinen Gott, steht ganz und gar für seine Sache, bietet dem König die Stirn, tritt allein an gegen 400 Konkurrenten auf Leben und Tod. Und triumphiert. Wie ein jugendlicher Held fühlt er sich: unverletzlich, groß und überheblich. Dann erzählt die Bibel von seinem Absturz und wie er danach ein erwachsener reifer Mann wird. Mit Gott.

Es gibt schöne Erzählbücher zur Bibel, die den biblischen Stoff lebendig nacherzählen. Auch die Bibelcomics sind ein Weg, nicht nur Jungen die Lust am Bibellesen nahe zu bringen. Mit dem Lesen finden sie auch ein Stück Lust auf gutes Leben und Neugier auf Gott.

WS

Vertrauensfrage

Es gibt zwei Sorten Kinderfragen, mindestens. Die eine Sorte, die nervt bloß ein bisschen. „Warum, wieso?" Immer wieder fragen sie einem Löcher in Bauch. Aber mit ein bisschen Geduld und Fantasie bekommt man das hin. Die zweite Sorte Fragen ist ernster. Die kann tiefe Löcher in einem hinterlassen, weil man sie nicht so leicht beantworten kann oder sich um sie herumdrücken möchte.

Mein Sohn war wohl so vier oder fünf, also genau in dem Alter, in dem Kinder philosophisch werden. Da sagt er auf einmal – ich weiß es noch wie heute – so nebenbei wie aus heiterem Himmel: „Ich versteh das gar nicht, dass es die Welt überhaupt gibt und das alles. Wenn sie nicht da wäre, was wäre dann mit mir?" –

Ich glaube, meine Antwort war im ersten Moment ein wenig stümperhaft. Er hat dann nicht nachgebohrt. Und ich dachte, es war nicht so ernst gemeint. Zum Glück ist es mir dann doch noch gedämmert: Kinder stellen Fragen, die wir uns als Erwachsene nicht mehr zu stellen trauen, und sie haben diese Fragen wirklich. Es ist gut, wenn wir als Erwachsene da genau hinhören, die Fragen nicht abwiegeln und stattdessen eine Antwort versuchen.

Kinder fragen wie kleine Philosophen und Theologen. Mein Sohn hat mich damals eigentlich nach dem Fundament der ganzen Welt gefragt. Nach der Welt, der Schöpfung und nach Gott. Und danach, worauf er sich in dieser großen Welt verlassen kann. Kinder fragen nicht nur abstrakt, nach dem Motto: Ich will da mal was wissen. In solchen Fragen steckt immer mehr als nur der Kopf. Kinder wollen wissen, ob sie Vertrauen haben können in die Welt oder ob sie Angst haben müssen vor dieser großen Welt und dem, was daraus auf sie zukommt.

Darum ist das auch die Herausforderung, dass wir eine Antwort probieren, die auf beide Seiten eingeht. Die Erklärung für den Kopf, für das Wissen reicht allein nicht. Wir dürfen den Kindern die Vertrauensfrage nicht unbeantwortet lassen.

Ich habe dazu ein gelungenes Beispiel gelesen. Da erzählt jemand, wie sein Vater ihm die Vertrauensfrage beantwortet hat: „Ich erinnere mich noch an die Sommernacht, in der mich mein Vater in den Garten führte, um mir die Milchstraße und einige Sternbilder zu zeigen. Vater sagte: Alle diese Sterne hat Gott geschaffen, sie sind Werke Gottes wie die Sonne, der Mond und die Erde mit allem, was du siehst. Auf diese Weise trat Gott erstmals in mein Kinderleben." Dieses Kind hat sich sehr gefreut, dass nicht nur ein riesiger Himmel über ihm war, sondern auch ein freundlicher Schöpfer.
WS

Fundament fürs Leben

Die Erfolgsrezepte von früher greifen für die junge Generation heute nicht mehr. Ich bin in den 50er-Jahren geboren, ins Leben geschickt mit einem relativ einfachen Konzept. Viele meiner Generation, vor allem Jungs, haben es verinnerlicht: Ein guter Beruf ist ein verlässliches Fundament fürs Leben. Der Lebensweg war entsprechend vorgezeichnet: fleißig sein in der Schule, guter Abschluss, am besten Abitur, dann steht die Tür offen für einen ordentlichen Beruf; mit dem durchs Leben gehen bis zur Rente. Der Beruf gestaltet das Leben, er gibt dem Leben Form und Halt. Männerleben vor allem. Berufe haben Männer zu Personen gemacht. Aber irgendwann in den 1980er-Jahren hat dieses Konzept Risse bekommen, dass ein Beruf Fundament für ein ganzes Leben sein kann. Frauen konnten sich sowieso noch nie darauf verlassen.

Für unsere Söhne und Enkel trägt es auch nicht mehr. Vielleicht wirken deshalb viele Jungs so orientierungslos. Und ich weiß, dass sich viele von Ihnen darum um sie sorgen. Ich auch. Schule und Ausbildung sind zwar nicht weniger wichtig als früher, aber sie tragen nicht mehr wie von selbst. Der Beruf gestaltet nicht mehr ein ganzes Leben. Umgekehrt ist es richtig: Der Mensch muss selbst eine Gestalt sein und so auch seine Arbeit gestalten. Die Jungen müssen

Personen werden, die Halt in sich und in sozialen Beziehungen finden. Wie können sie das werden, und wie können wir ihnen dazu helfen? Ich glaube, am besten ist es, wenn wir ihnen vertrauen helfen: Vertrauen ist ein tragfähiges Lebensfundament. Vor allem, wenn es nicht einseitig ist, sondern sich aufbaut wie ein gleichseitiges Dreieck. Wenn Vertrauen von Menschen, Gottvertrauen und Selbstvertrauen in einer Person zusammenwirken können, das ist ein Glück. Auch für uns Ältere, wenn wir den Jungen dazu ein wenig helfen können. Es gibt viele Personen in der Bibel, in denen man davon etwas spüren kann. Allerdings auch, dass es nicht leicht ist. Jakob hat zwölf Söhne, sein zweitjüngster ist hochbegabt, eigen, angefeindet vom Neid seiner Brüder. Jakob liebt ihn dennoch oder vielleicht gerade deshalb ganz besonders. Und das Vertrauen in Gott weckt er in ihm. Sogar dann noch, als die Begabung und das Selbstvertrauen des Sohnes über das Ziel hinaus zu schießen scheinen. Der behütete arrogante junge Mann geht nicht unter, als seine Brüder und das Leben ihm übel mitspielen. Das Vertrauen in Gott stützt sein Selbstvertrauen.

Und als sein Leben völlig aus den Fugen gerät, kann er sich dem Leben stellen, kämpfen und durchhalten.
WS

Richtiges Leben

Sind Jungen dümmer als Mädchen? Oder in den letzten Jahren dümmer geworden? Wenn man die Schulstatistiken liest, könnte man das meinen. Denn vor zwölf Jahren waren von 100 Jugendlichen, die die Schule abgebrochen haben, 52 Mädchen und 48 Jungen. Heute brechen 64 Jungen die Schule vorzeitig ab, aber nur 36 Mädchen. Auch bei den Sitzenbleibern liegen die Jungen vorn: von 100 sitzen gebliebenen Schülern sind 60 Jungen. Sind Jungen dümmer als Mädchen?

Nein, sagen Wissenschaftler, dümmer sind sie nicht. Aber viele, zu viele Jungen kommen nicht mehr dazu, etwas aus ihren Fähigkeiten zu machen, weil sie zu lange vor dem Fernseher und vor dem Computer sitzen. 20 Prozent tun dies täglich mehr als vier Stunden, mehr als die Hälfte der Jungen spielen Computerspiele, die für Jugendliche verboten sind. Oder sie sehen Filme, die wegen ihres gewalttätigen Inhalts als jugendgefährdend gelten. Bei den Mädchen sind diese Zahlen um ein Vielfaches niedriger.

Warum machen so viel Fernsehen und Computerspielen dumm? Weil das Gehirn auf starke Gefühle reagiert. Wer schockierende Filme sieht oder Spiele spielt, bei dem wird verdrängt, was er vielleicht vorher für Englisch, Mathe oder Physik gelernt hat. Die schulischen Lerninhalte verblassen gegenüber der Wucht der filmischen Bilder. Außerdem lernt man im Schlaf, denn da werden Gedächtnisinhalte gefestigt. Aber wer vor dem Schlafengehen Horror- und Actionfilme gesehen hat, dessen Gehirn ist auch im Traum damit beschäftigt. Da ist kein Platz für anderes.

Wissen Sie, was Ihre Kinder am Computer erleben? Ich nicht wirklich. Und wann und wie lange meine Kinder am Fernseher sitzen, dass wusste ich auch nur, als sie klein waren. Jetzt sind sie junge Männer und Frauen und können länger aufbleiben als ich. Und sehen wahrscheinlich auch ab und zu Dinge, die ich mir lieber nicht antun würde.

Was man da als Mutter oder Vater tun kann? Vielleicht überlegen, ob es vernünftig ist, dass die Kids einen eigenen Fernseher für ihr Zimmer bekommen. Denn dann bekommt man gar nicht mehr mit, was sie sehen und was sie spielen. Außerdem brauchen sie Anleitung für den Umgang mit PC und Fernseher.[1] Helfen kann auch, ihnen klarzumachen, wie schön das „richtige Leben" sein kann: wenn man zusammen isst, spielt, redet und etwas unternimmt. Dann brauchen sie die Erlebnisse am PC wahrscheinlich gar nicht so sehr.

LP

[1] Die Ökumenische Medienzentrale in Stuttgart bietet für Eltern dazu Hilfe an. Eine CD-Rom mit vielen Informationen und Hilfsangeboten für überforderte Eltern zum Beispiel: „Internet für Kids – aber sicher!" Zu bestellen bei der Ökumenischen Medienzentrale in Stuttgart, Augustenstraße 124

Bälle statt ballern

Eine Gruppe Jungen steht um einen Computer. Man hört Maschinengewehrsalven. Einer der Jungen bewegt mit zwei Joysticks die Krieger auf dem Bildschirm. Die anderen stehen dabei, warten, bis sie dran sind. Wer am Ende die meisten Opfer vorweisen kann, hat gewonnen. Dem klopfen sie auf die Schultern. Solche Szenen kann man in den Spielzeugabteilungen der Kaufhäuser beobachten und in vielen Kinder- und Jugendzimmern geht es genauso zu. Jugendliche schießen und boxen und bomben sich durch eine virtuelle Welt voller Gewalt. Die Fernsehprogramme liefern ähnliche Bilder und machen Jugendlichen und Erwachsenen den Eindruck: So gewalttätig ist die Welt. Nur der kann bestehen, der am schnellsten abdrückt, der am härtesten zuschlägt.

Die Gewalt in den Medien gewöhnt uns daran, dass es ohne Gewalt anscheinend nicht geht. Vor allem aber verstärkt das unsere Ansicht: Die Gewalt nimmt zu, auch in der „richtigen" Welt vor unserer Haustür, obwohl das laut den Statistiken gar nicht stimmt. Aber der Eindruck entsteht und das Gefühl: Wir müssen uns schützen. Wir müssen der Gewalt mit allen Mitteln einen Riegel vorschieben, und dabei darf man nicht zimperlich sein. So nimmt es dann wirklich zu – eine Spirale der Gewalt, ausgelöst von den Bildern, die wir im Kopf haben.

Das macht mir Angst. Ich finde, das dürfen wir nicht zulassen. Ich will nicht, dass wir uns an den Gedanken gewöhnen: Ohne Gewalt geht es nicht. Deshalb bin ich froh, dass die Bibel mir andere Bilder vor Augen stellt. Bilder, bei denen die Spirale der Gewalt unterbrochen wird. Dass Menschen Schwerter zu Pflugscharen schmieden, davon haben schon die Propheten vor mehr als 3.000 Jahren gesprochen. Jesus hat davon geredet, wie man das verwirklichen kann: für Gerechtigkeit sorgen, Angebote zum Frieden machen, den ersten Schritt tun. Das ist kein Zeichen von Schwäche. Im Gegenteil: Man braucht eine Menge Mut, um der Gewalt Gutes entgegenzusetzen, statt immer noch eins drauf zu setzen.

Ich finde, wir sollten den Jungs Basketbälle schenken und Fußbälle. Da können sie ihre Kräfte messen und sich als Sieger feiern lassen. Oder verlieren üben. Und wir Erwachsenen sollten ihnen, wo immer es geht, zeigen, dass das klappt, dass man das Böse mit Freundlichkeit überwinden kann.

LP

PAARE

Josef und Maria

Wenn der Himmel die Erde berührt, wie ist das? Wenn man verliebt ist, dann weiß man das und spürt es tief im Herzen und mit jeder Faser des Körpers. Da ist jemand, der hat mich lieb, der interessiert sich für mich, und bei dem kann ich so sein, wie ich gerne bin. Der verändert mich. Der öffnet mein Herz. Der lässt mich so sein, wie ich sein kann, wenn ich mit mir eins bin. Dann wird das Leben leicht, und Lebensfreude ergreift mich. Und die strahlt aus in meinen Alltag. So ist das, wenn der Himmel die Erde berührt.

„Wenn Gott zur Welt kommt", so beschreibt die Bibel in ihrer Sprache diese Berührung. Dann geht Menschen das Herz auf. Dann ereignet sich mitten in ihrem Alltag etwas Neues. Dann passiert etwas, das sie nicht selbst machen, nicht verdienen und nicht erarbeiten können. Menschen verändern sich, wenn Gott in ihre Welt kommt. Und der Alltag wird anders. Das Leben bekommt einen neuen Sinn. Es gibt einen Grund, sich auf jeden neuen Tag zu freuen. So ist das, wenn Gott zur Welt kommt. Die Adventszeit erinnert daran, denn Advent heißt: Ankunft.

Der Himmel berührt die Erde. Gott kommt an im Leben eines Menschen. Wie geschieht das? Die Bibel erzählt zum Beispiel von Maria, der bis dahin ganz unscheinbaren Frau aus Nazaret. Ein Bote Gottes zeigt ihr die einzigartige neue Möglichkeit, die sie hat. Sie wird Gott zur Welt bringen. Durch sie wird Gott sichtbar werden. Sie kann dazu beitragen, dass andere Menschen erleben: Gott hat mich nicht vergessen. Er hält zu mir, auch wenn es für mich gerade gar nicht so aussieht. Und Maria begreift, was für eine großartige Möglichkeit das ist. Sie sagt ja dazu und lässt sich darauf ein. Nie vorher hätte sie sich das zugetraut. So geht es, wenn Gott zur Welt kommt.

Oder Josef, der Zimmermann aus Nazaret. Gott selbst zeigt ihm die Aufgabe, für die er gebraucht wird. Er und kein anderer. Nur er kann dieser Frau, Maria, und ihrem Kind beistehen. Ohne ihn wären sie verloren. Josef begreift, wie sehr er gebraucht wird und wie wichtig er ist. Sein Alltag bekommt einen ganz neuen Sinn.

Ich denke an das Kind in der Krippe. Den Menschen, die es sehen, geht das Herz auf. Sie spüren, dass es nicht darauf ankommt, was einer hat und wie viel er verdient, sondern darauf, was wir einander geben können, damit dem anderen warm wird und sein Alltag ein bisschen heller. Das verändert die Menschen, die dieses Kind sehen. Sie können ein ganz neues Leben anfangen. Sie haben einen Grund, sich auf jeden neuen Tag zu freuen. So geht es, wenn Gott zur Welt kommt.

Der Himmel berührt die Erde. Die Adventszeit will erinnern: Das gibt es und nicht nur für Verliebte. Machen Sie nur die Augen auf und öffnen Sie ihr Herz, wenn es soweit ist. Ich bin sicher: Sie werden es erleben.

LP

Sprachstörungen

„Sprich mit ihr", heißt ein spanischer Film, der viele Preise bekommen hat. Einen wichtigen Satz daraus habe ich so in Erinnerung: „ Man muss mit den Frauen sprechen, damit sie merken, dass sie noch leben." Dieser Satz geht mir seither nicht mehr aus dem Kopf. Ich glaube, das gilt nicht bloß für Frauen. Auch Männer brauchen Ansprache. Auch Männer leben davon, dass jemand sich ihnen freundlich zuwendet und mit ihnen spricht.

Andererseits: Anscheinend gibt es da doch einen kleinen Unterschied. Gehirnforscher haben herausgefunden, dass Männer pro Tag 7.000 bis 8.000 sogenannte Kommunikationsträger aussenden. „Kommunikationsträger", das sind die Worte, die man spricht. Das sind auch die Gesten, das ist die Mimik, das ist das Glucksen eines Lächelns, das ist jedes bedauernde „Ach", das sind Seufzer und auch ein erschrecktes „Huch!". Männer senden 7.000 bis 8.000 solcher „Kommunikationsträger" aus, um mit den Menschen um sie herum in Kontakt zu bleiben. Frauen etwa 20.000. – also dreimal mehr.

Die Gehirnforscher haben auch eine Erklärung dafür. Frauen, sagen sie, waren immer für die Beziehungspflege in ihrem Lebensumfeld zuständig. Sie zogen die Kinder auf, sie organisierten das Zusammenleben, sie betreuten Alte und Kranke, sie sorgten dafür, dass man einigermaßen friedlich und harmonisch miteinander leben konnte. Darum mussten sie reden. Immerzu und mit jedem. Für jeden ein gutes Wort. Oder ein mahnendes oder ein tröstendes. Wenigstens einen Händedruck oder ein mitfühlendes Streicheln. Wahrscheinlich auch ab und zu einen energischen Klaps. Da kamen natürlich schnell 20.000 „Kommunikationsträger" zusammen. Männer dagegen waren unterwegs, auf dem Feld, bei der Jagd. Da gab es wenig Gelegenheit und auch kaum die Notwendigkeit, viele Worte zu machen.

So erklären das die Verhaltensforscher. Sie können jetzt natürlich lächeln und sagen: Ich wusste es ja – Frauen sind schwatzhaft. Ich glaube, das ist nicht zum Lachen. Es ist eher tragisch. In mancher Familie erleben Menschen das schmerzhaft: 7.000 zu 20.000, das passt einfach irgendwie nicht, da hat man es schwer miteinander.

Ich meine, wenn wir uns klar machen, dass das so ist – und keine böse Absicht, weder bei den schweigsameren Männern noch unter den angeblich einfach schwatzhaften Frauen –, dann lässt sich da ein Ausgleich finden. Wahrscheinlich würde es helfen, wenn wir, Männer und Frauen, versuchen würden, nicht nur miteinander zu reden, sondern einander zu verstehen.

Eines aber bleibt wahr: Menschen, Männer und Frauen, leben davon, dass sie angesprochen werden. Wir alle leben davon, dass Gott uns beim Namen gerufen hat. Einander ansprechen ist deshalb lebenswichtig.

LP

K(l)eine Unterschiede

Wir Männer sind doch nicht so tumb und stumm. Diese Meldung hat mich richtig erleichtert. Ein Psychologen- team in den USA hat es herausgefunden: „Männer reden genauso viel wie Frauen." Wenn das stimmt – mir würde das mehr gefal- len, als das, wovon man bisher ausgegangen ist. Hatte sich doch in den letzten Jahren der Mythos vom fundamentalen Geschlech- terunterschied als „Tatsache" fest etabliert, nach dem Muster: Aus den Tiefen unserer Steinzeitexistenz sei uns bis heute in die Wiege gelegt, dass Frau nicht einparken könne und Mann nicht zuhören. Und dass Mann eben nur 7.000 Wörter pro Tag könne, Frau aber 20.000 pro Tag müsse. Diese Mann-Frau-Stereotypen waren zwar witzig, aber auch ärgerlich, weil man es dann so leicht hat, sich in der Steinzeitvergangenheit einzurichten. Und vor allem: weil der Geschlechterunterschied auf einmal wieder so ein großes Gewicht bekommen hat. Hier Mann, dort Frau.

Und jetzt diese neue Untersuchung aus den USA: Männer wie Frauen reden pro Tag 16.000 Wörter im Durchschnitt. Denn hinter diesem Durchschnittswert verbergen sich große individuelle Un- terschiede. Da gibt es Plaudertaschen, die über 40.000 Wörter pro- duzieren, und stille Wasser, denen 500 pro Tag genügen. Das Ent- scheidende: Diese Unterschiede haben nichts mit dem Geschlecht zu tun, sondern mit unseren reichen Unterschieden von Mensch zu Mensch. Darum finde ich diese Untersuchungsergebnisse aus den USA so schön. Sie sagen zum einen: Der Unterschied von Mann und Frau wird gerne überbewertet, nebenbei auch in den Religionen, auch in der Kirche. Und zum anderen sagen sie: Wir Menschen sind individuell, wir sind einander im Durchschnitt ähnlich und zugleich sehr eigen. Und genau darin liegen der Reiz und der Ansporn, uns zu verständigen, uns zu achten und zu vertragen. Deshalb gefällt mir diese neue Studie auch als Christ. Erinnert sie doch an eine geniale christliche Vision: Hier ist nicht Jude noch Grieche, hier ist nicht Sklave noch Freier, hier ist nicht Mann noch Frau; denn ihr seid allesamt einer in Christus Jesus, schreibt der Apostel Paulus in einem seiner Briefe. In der Gemeinschaft der Christen, da könnten doch diese alt vertrauten kulturellen, biologischen und wirtschaftlichen Gräben und Mauern, hinter denen wir uns so gerne verschanzen und einrichten, ihre Macht verlieren. Da können Frauen führen, ohne viele Worte, und Männer zuhören und andersherum.

Nicht Mann, noch Frau – diese christliche Vision nivelliert Unterschiede nicht, aber sie nagelt Menschen nicht fest, sondern bereichert sie.

WS

Gemeinsam statt einsam

„Wo du hingehst, da will ich auch hingehen; wo du bleibst, da bleibe ich auch. Dein Volk ist mein Volk, und dein Gott ist mein Gott. Wo du stirbst, da sterbe ich auch und da will ich auch begraben werden. Der Herr tue mir dies und das, nur der Tod wird mich und dich scheiden." (Ruth 1,16f.)

Das sind Sätze aus der Bibel, zweieinhalb tausend Jahre alt. Bis heute suchen sich Brautpaare diese Textstelle aus als Trauspruch für ihre Ehe. Das ist ein wunderbares Versprechen am Anfang eines gemeinsamen Weges. Da weiß der andere, dem man das verspricht: Ich kann mich darauf verlassen – dieser Mann, diese Frau, die ich so liebe, mit der ich so gerne zusammen bin, die wird bei mir bleiben. Die wird mich nicht im Stich lassen, wenn es nicht so geht, wie wir es uns jetzt vorstellen. Das tut gut, wenn ich einen Menschen habe, der verspricht, mit mir zu gehen.

Aber ein bisschen gefährlich ist so ein Versprechen natürlich auch. Der Dichter Albrecht Goes war über 60 Jahre verheiratet. Er hat ein Gedicht über seine Frau mit den bedauernden Zeilen angefangen: *„Du habest im Michbegleiten das einsam sein gelernt ..."* Wahrscheinlich hat sie es ihm ab und zu gesagt, bis er es am Ende begriffen hat. Wenn eine immer nur den anderen begleitet, dann wird sie einsam. Dann hat der, der immer nur mitgeht, kein eigenes Leben mehr, keine eigenen Freunde, keine eigenen Beziehungen. Und wo man sein eigenes Leben aufgeben muss, wo man seine eigenen Beziehungen und Träume und Wünsche immer hintanstellt, um dem anderen folgen zu können, da wird das Leben immer weniger. Am Ende ist alles tot. Den dunklen Schluss dieses Eheversprechens, *„wo du stirbst, da sterbe ich auch"*, den könnte man da auch als Warnung verstehen. Seht zu, dass nicht einer von euch beiden stirbt, weil er immer nur den anderen begleitet. Das ist dann irgendwann das Ende einer lebendigen Beziehung und das Ende eures Glücks. *„Wo du stirbst, da sterbe ich auch."*

Einfacher ist das vielleicht und bequemer, wenn einer seinen Weg geht und die andere ihn begleitet. Denn: Wenn zwei sich *gegenseitig* versprechen, *„wo du hingehst, da will ich auch hingehen",* da brauchen sie viele Absprachen und Verabredungen, da müssen sie genau planen und organisieren. Sie werden das kennen. Das ist nicht immer einfach. Aber es ist lebendig. Da wird man nicht so schnell starr und festgefahren. Da muss man nicht Angst haben, dass vom eigenen Leben am Ende kaum noch etwas bleibt. Eine Beziehung lebt dann, wenn jeder zu seinem Versprechen steht: *„Wo du hingehst, da will ich auch hingehen."* Wie das geht, ohne dass man sich gegenseitig im Weg steht? Darüber muss man reden – ein Leben lang.

LP

Nur noch Pampers?

Warum bekommen eigentlich viele junge Paare miteinander Probleme, wenn erst einmal Kinder da sind? Das hab ich mich schon oft gefragt. Beide haben sich ein Kind gewünscht, sich dafür entschieden, sich darauf gefreut, und wenn das Kind da ist, wird es oft schwierig. Dabei hatten sie sich vorgestellt, dass Kinder die Partnerschaft vertiefen und stabiler machen, und trotzdem kommt es bei vielen oft ganz anders. Mütter werden unzufrieden, weil sie das Gefühl haben, sie sind mit der neuen Belastung überfordert und allein. Sie vermissen die Kontakte nach draußen, das Leben im Beruf. Sie haben das Gefühl: Mein Mann hält sich raus, nimmt die Rolle als Vater gar nicht richtig an.

Wenn sie sich beide um das Kind kümmern, dann erleben sie, dass Beziehungen zu den Freunden ohne Kinder brüchig werden: Man sieht sich nicht mehr so oft, und wenn, dann wird es schwieriger, gemeinsame Themen zu finden oder etwas Gemeinsames zu unternehmen. „Markus und Petra sind doch nur noch Mutti und Vati. Haben die nichts anderes mehr im Kopf als Pampers und Kindergeschrei?", fragen sich manche kinderlose Freunde, und die Kindseltern denken: „Früher waren Silke und Jochen doch total in Ordnung, und jetzt?" Ein Kind verändert die Beziehung zwischen den Partnern, nach innen und nach außen, und das schafft oft Probleme. Ein bekannter Familienforscher, Professor Wassilios Fthenakis, gibt Paaren darum einen fundamentalen Rat: „Wer seine Familie erhalten will", sagt er, „muss in seine Partnerschaft investieren."

Er meint damit, dass es für den Bestand einer Familie Probleme bringt, wenn die beiden erwachsenen Partner nur noch oder vor allem im anderen die Mutti oder den Papa sehen und sich auch so verhalten. Ein Paar braucht – auch wenn die Kinder noch klein sind – kinderfreie Zeiten miteinander. Die beiden müssen Eltern und Partner sein, den anderen immer wieder auch als Mann und als Frau sehen, vielleicht sich sogar so sehen, wie man sich angesehen hat, bevor die Kinder da waren: als Freundin und Freund. Und dann kann man sich vielleicht auch einmal wieder so sehen, wie es

in einem Liebesgedicht in der Bibel steht:
„Siehe, meine Freundin, du bist schön; schön bist du, deine Augen sind wie Taubenaugen. – Siehe, mein Freund, du bist schön und lieblich. Unser Lager ist grün."
WS

Ungelogen

Was kann man tun, wenn man angelogen wird? Wenn man genau weiß: Was meine Tochter, mein Mann mir erzählt, das stimmt nicht. Im ersten Moment reagieren wir vermutlich alle ähnlich, sind verärgert, zornig, enttäuscht. Wir ziehen uns zurück von dem, der uns angelogen hat. Wir gehen äußerlich auf Distanz oder, wenn das nicht geht, zum Beispiel bei einem engen Familienangehörigen, dann auf jeden Fall innerlich. Angelogenwerden macht Beziehungen schwierig. Aber wenn mir an dem anderen immer noch etwas liegt? Kann ich irgendetwas tun, dass der andere mich nicht mehr anlügt? Vielleicht, ich hoffe es jedenfalls.

Ich denke, es hilft, wenn man sich klarmacht, was lügen ist, warum wir lügen.

Denn wir lügen alle. Und damit meine ich nicht nur „flunkern." Ein Wissenschaftler, der das Lügen seit Jahren untersucht, meinte: Beim Lügen wenden wir uns bewusst von der Wirklichkeit ab, wollen oder können ihr nicht ins Gesicht sehen. Darum schönen wir, was wirklich ist, wir vertuschen oder verstecken es. Lügen ist eine Art und Weise, mit der Wirklichkeit umzugehen, sie zu umgehen. Wenn ich zum Beispiel versagt habe und kann es nicht zugeben, weil ich Angst vor dem Ärger habe. Oder weil ich denke, dass die anderen mich nicht mehr mögen werden. Darum kann ein Kind behaupten: „Ich hab eine Drei geschrieben", obwohl es eine Fünf hat. Und darum kann ein Partner dem anderen vormachen: „Ich liebe Dich noch."

Wenn wir lügen, machen wir uns vor, alles ist in Ordnung, alles läuft, auch wenn es gar nicht mehr gut geht. Ich glaube, das ist ganz wichtig, dass man das begreift, wenn man belogen wird: Der Lügner hat vielleicht zuerst ein Problem mit sich und seiner Wirklichkeit. Dass er mich anlügt, wäre dann die Folge davon. Beim Lügen beschönigen und vertuschen wir die Wirklichkeit vor den anderen, oft vor allem aber vor uns selbst. Machen uns ein angenehmeres Bild von uns, weil uns die Wahrheit über uns nicht gefällt oder wehtut.

Kann man einem anderen helfen, aus solchen Lügen wieder heraus zu kommen?

Ich glaube nämlich, die Bibel hat recht, dass lügen auf Dauer nicht leben hilft, sondern Beziehungen zerstört. Wahrheit hilft leben, meint die Bibel.

Ich hoffe, es hilft, wenn ich dem anderen zeige, dass ich mit ihm zusammen auch die ungeschönte Wirklichkeit aushalten will. Dass ich bereit bin, seine Angst vor einer unangenehmen Wirklichkeit zu teilen. Ungelogen. Vielleicht können wir uns dann zusammen dieser Wirklichkeit zuwenden – und versuchen, sie gemeinsam zu meistern.

WS

Selbsttäuschung

Lea liebte den falschen Mann. Das heißt, eigentlich war er gar nicht der Falsche. Es war ihr eigener Mann, den sie liebte. Bloß: der liebte eine andere. Das war früher ganz in Ordnung so, denn die war auch seine Frau und hieß Rahel. In alten Zeiten war das normal, dass ein Mann mehrere Frauen hatte. Aber Lea war enttäuscht. Sie wollte auch geliebt werden. Wer könnte das nicht verstehen!

Die Bibel erzählt solche merkwürdigen Geschichten. Manche kommen mir so fremd und altertümlich vor, dass ich meine: Damit kann man heute nun gar nichts mehr anfangen. Und dann sprechen sie irgendwann doch und sagen einem etwas Wichtiges. So ging es mir mit der Geschichte von Lea.

Je länger, desto mehr hatte Lea mit ihrer Enttäuschung zu kämpfen. Schließlich konnte sie nichts anderes mehr denken. Alles andere – ihr Wohlstand, ihr soziales Ansehen, ihre Position als erste Frau im Haus – bedeutete ihr nichts. Sie wollte diesen Mann und vor allem: seine Liebe. Als sie Söhne bekam, was damals das Wichtigste war in einer Ehe, dachte sie: Jetzt wird er doch sehen, was er an mir hat. Den ersten Sohn nannte sie deshalb Ruben, das bedeutet: „Nun wird mein Mann mich lieb haben." Den zweiten nannte sie Simeon – „Gott hat mir den gegeben, weil ich ungeliebt bin!", heißt das. Und den dritten nannte sie Levi – „Nun wird mein Mann mir doch zugetan sein, denn ich habe ihm drei Söhne geboren", sagte sie dazu. Lea konnte nur ihre Enttäuschung sehen. Sogar ihre Kinder erinnerten sie immer nur an das, was sie nicht haben konnte. Und was ihr auch keiner versprochen hatte. Ihr Mann hatte sie zur Frau genommen, weil es vernünftig war. Ihm war – ehrlich gesagt – nichts anderes übrig geblieben. Lea war trotzdem enttäuscht.

Dann wurde ihr vierter Sohn geboren. Den nannte sie Juda. Juda, das heißt: „Nun will ich Gott loben." Auf einmal kann sie, scheint's, zufrieden sein. Auf einmal kann sie sehen, was sie hat: wunderbare Kinder. Wohlstand, vieles, was ihr Freude macht, jeden Tag.

Ich weiß nicht, was in der Zwischenzeit passiert war. Die Bibel erzählt davon nichts. Ihr Mann hatte sich offensichtlich nicht verändert. Aber mir scheint: Lea hat sich verändert. Sie hat begriffen: Ich habe mich getäuscht. Ich habe mir etwas vorgemacht. Ich habe etwas erwartet, obwohl ich nie wirklich einen Anlass dazu hatte. Lea war jetzt wirklich ent-täuscht. Ihre Täuschung war zu Ende. Und sie konnte das sehen, was ihrem Leben Fülle gab, und sich darüber freuen und dankbar sein. Gott sei Dank.

LP

Offene Aussprache

„Man müsste neu anfangen können", hat mir ein Mann geschrieben. „Einfach vergessen, was war. Wir geben uns auch wirklich Mühe. Aber meine Frau schafft das nicht. Ich weiß nicht, was sie hat." Ich glaube, dass vor allem Männer meinen: Wenn man nicht davon redet, dann gerät das Alte mit der Zeit in Vergessenheit.

Ich glaube aber, dass die Strategie falsch ist, einfach nicht mehr darüber zu reden. Mir ist das wieder klar geworden an einer Geschichte, die von Jesus erzählt wird. Zu ihm kam einmal eine Frau, die wollte, dass eine innere Verletzung heil wird, die sie schon seit Jahren mit sich herumtrug. Eine blutende Wunde, die nicht heilen wollte und sie immer mehr schwächte. Ganz ohne Worte wollte sie einen neuen Anfang hinbekommen, heimlich suchte sie seine Nähe. Sie wollte nicht von dem reden, was sie mit sich herumtrug.

Aber Jesus, so geht die Geschichte weiter, bemerkt die Frau. Und er fragt nach ihr. Wahrscheinlich wusste er, dass Dinge zwar in Vergessenheit geraten können. Aber sie kommen nicht in Ordnung, wenn man einfach darüber schweigt. Und selbst wenn man wirklich vergessen kann und vergessen hat, was war: Die Gefühle bleiben. Das Gefühl, dass mich einmal einer im Stich gelassen hat. Das Gefühl, dass mich jemand nicht ernst genommen hat. Dass mich jemand ausgenutzt hat – das bleibt und tut weh und macht einem Angst, dass es wieder so gehen könnte.

Die Frau, heißt es in der Bibel, sagt Jesus dann „die ganze Wahrheit". Es muss auf den Tisch, was mich so verletzt hat. Selbst, wenn der andere es gar nicht gewollt, nicht bemerkt hat, was da mit mir passiert ist, und es deshalb nicht versteht. Es hat mich verletzt. Und es ist noch in mir und tut weh.

Der Mann, der von seiner Frau sagt: „Ich weiß auch nicht, was sie hat!", der trifft es ja genau! Er weiß es nicht, weil sie es nicht zu sagen wagt. Oder weil er es nicht hören, nicht wissen will. Vielleicht auch, weil es beiden zu anstrengend scheint, darüber zu reden. Aber erst wenn man weiß, was eigentlich den anderen so verletzt hat, kann man um Verzeihung bitten. Und vielleicht kann der oder die andere dann ausdrücklich verzeihen. Dann kann ein neuer Anfang gelingen. Vielleicht gelingt er auch nicht, aber dann weiß man wenigstens, warum.

Von Jesus heißt es: Er spürte, wie anstrengend das ist, die Wahrheit zur Kenntnis zu nehmen. Und von der Frau wird erzählt, dass sie zitterte. Die Wahrheit sagen und die Wahrheit hören – beides kostet Kraft. Aber die Bibel ist sich sicher: Allein die Wahrheit hilft weiter. Und bei der Frau damals hat es geholfen. Ihre alten Verletzungen hörten auf zu bluten. Sie konnte neu anfangen.

LP

MÜTTER

Mit Fehlern leben

Mütter sind auch nur Menschen. Ich bin Mutter und froh, dass ich mir das manchmal so sagen kann, denn sonst würde mich das Gefühl, alles richtig machen zu müssen, ganz verrückt machen. Gott sei dank gibt es Momente – nicht nur am Muttertag, wenn die Kinder den Kaffee ans Bett bringen und das im Kindergarten gemalte Bild schenken oder den Blumenstrauß dazulegen – dann wird einem ganz warm ums Herz. Dann spürt man: Für meine Kinder bin ich etwas ganz Besonderes. Man spürt die Liebe und wie sehr sie sich Mühe geben. Das tut gut. Aber der Alltag, erst recht, wenn die Kinder schon älter sind, sieht ja eigentlich anders aus. Mütter fragen sich immer wieder: Was habe ich eigentlich falsch gemacht, dass das jetzt nicht besser läuft? Sie haben andauernd ein schlechtes Gewissen und fühlen sich verantwortlich.

Deshalb bin ich froh, dass es in der Bibel eine Geschichte gibt, die mir zeigt: Auch Mütter machen Fehler, denn auch Mütter sind nur Menschen. Ich denke an die Geschichte von Rebecca und ihren beiden Söhnen Jakob und Esau. Weil sie den einen mehr gefördert hatte als den anderen, brach die ganze Familie auseinander. Enttäuschung und Neid und Wut auf den jeweils anderen warf beide Söhne total aus der Bahn. Rebecca hatte es bestimmt gut gemeint – am Ende war eine Familie für Jahrzehnte zerstritten, und die Söhne mussten sehen, wie sie mit dem zurecht kamen, wie es geworden war. Jeder für sich allein, ohne den Rückhalt der Familie. Ich möchte nicht wissen, welche Gedanken sie über ihre Mutter gehabt haben.

Rebeccas Geschichte zeigt mir: So kann es gehen, auch wenn Mütter es noch so gut meinen. Und: Gott selbst hat es trotzdem gut gemacht für ihre Söhne. Womöglich wären sie längst nicht so weit gekommen, wenn am Anfang nicht Rebeccas schlimmer Fehler gewesen wäre. Die Söhne haben ihr Leben in die Hand genommen und etwas daraus gemacht. Sie haben nicht einfach gesagt: Mutter ist schuld. Sie hat es mir so schwer gemacht. So konnte ja gar nichts aus mir werden. Jakob und Esau wurden erfolgreiche Männer, jeder auf seine Weise. Als sie älter wurden, fanden sie sogar einen Weg, sich wieder zu versöhnen.

Rebeccas Geschichte hilft mir, Mutter zu sein. Ich weiß, dass auch Mütter Fehler machen können. Meine Mutter hat Fehler gemacht, ich auch. Mütter sind auch nur Menschen. Aber Gott kann unseren Kindern helfen, dass etwas Gutes aus dem wird, was sie von uns mitbekommen. Deshalb bin ich gerne Mutter.

LP

Da sein

In der Mittagspause telefonieren Mütter mit ihren Kindern. „Ja, die Suppe steht im Kühlschrank. Fang schon mal mit den Vokabeln an. Sei nicht traurig wegen der Vier in Mathe, das kriegen wir schon wieder hin." Diese typische Szene hat Renate Schmidt beschrieben, die frühere Familienministerin. Hunderte von Malen habe sie das gehört. Aber nie, fügte sie dann noch hinzu, nie hört man solche Telefonate von Vätern. Ich habe das in der Zeitung gelesen und finde: Damit ist verblüffend genau die Situation vieler Familien beschrieben: Vater und Mutter sind berufstätig – aber zuständig für die Familie fühlen sich die Väter nicht wirklich. Die rufen vom Büro aus höchstens an, um zu sagen, dass sie leider nicht kommen können.

Viele Väter wünschten sich mehr Zeit für die Familie, das stand auch in der Zeitung. Aber leider seien sie so sehr in den

Beruf eingebunden, die Verhältnisse in der Arbeitswelt seien einfach familienfeindlich. Das glaube ich gern. Väter lieben ihre Kinder. Und manche sind abends fix und fertig. Trotzdem frage ich mich manchmal: Wenn sich ein Vater mit einem anstrengenden Beruf mehr Zeit wünscht für seine Kinder, warum muss er dann abends auch noch zur Vorstandssitzung vom Verein oder vom Berufsverband, zur Bürgerinitiative, zum Sport und am Samstag das neue Computerprogramm ausprobieren? Auch solche Dinge sind wichtig für unsere Gesellschaft, klar, aber bei den Kindern und den Müttern kommt an: Es gibt vieles, das wichtiger ist als wir. Mir scheint: Männer unterscheiden zwischen Arbeit und Freizeit. Und in der Freizeit tun sie, was Spaß macht oder was Anerkennung bringt. Bei den Kindern sind sie deshalb am ehesten für Sport und Spiel zu haben, den Rest überlassen sie gerne den Müttern.

Und die fühlen sich mit dem Alltag alleingelassen, viele jedenfalls. Ich finde, es ist kein Wunder, dass die Töchter solcher Mütter eines auf keinen Fall wollen: Mutter werden. Ich habe eine Zehnjährige sagen hören: „Da müsste ich ja all das machen, wozu die anderen keine Lust haben."

Manchmal denke ich an den Josef aus der Weihnachtsgeschichte. Der lässt sich seine eigenen Pläne von Gott selbst ausreden, damit er für Frau und Kind da sein kann. Er steht immer ein bisschen im Hintergrund. Aber er nimmt genau wahr, was passiert. Er ist da. Es tut gut, glaube ich, wenn einem ein Vater so den Rücken stärkt. Dann fühlt „frau" sich nicht alleingelassen. Manchmal braucht es dazu gar nicht viel: wenn der Vater sich abends um die Matheaufgaben kümmert, ohne dass man ihn erst darum bitten muss. Weil er selbst gemerkt hat, wie es damit geht und sich zuständig fühlt. Wenn ein Vater zeigt: Ich bin da, ihr könnt euch an mich wenden, genau wie an Mama – das wäre wichtig. Das täte den Kindern gut – und den Müttern auch.

LP

Rabenmütter

Zu viele Frauen wollen nicht Mutter werden, wird in den Zeitungen beklagt. Und manche schreiben, das liegt nicht an fehlenden Krippenplätzen, auch nicht an zu wenig Kindergeld oder zu wenig Erziehungsurlaub, sondern an einem Wort. Das Wort heißt „Rabenmutter".

Frauen, die versuchen, Beruf und Kinder unter einen Hut zu bekommen, spüren diesen Vorwurf, heißt es. Sie merken, dass viele sie für eine Rabenmutter halten. Eine, die sich nicht genug um ihre Kinder kümmert. Dann lieber gar nicht Mutter werden, finden anscheinend viele Frauen.

Rabenmütter sind Frauen wie ich. Frauen, denen neben der Familie auch noch andere Dinge wichtig sind. Die sich also nicht ausschließlich oder jedenfalls angeblich nicht genug um ihre Kinder kümmern.

So gesehen wäre jene alleinerziehende Frau aus Zarpath, von der die Bibel erzählt, eine Rabenmutter (1. Kön 17). Die Frau war Witwe und lebte allein mit ihrem Sohn. Die Zeiten damals waren schlecht, es herrschte Hungersnot. Die Frau hatte fast nichts mehr für sich und ihr Kind. Da kam ein ausgehungerter Fremder vorbei. Der bat sie, ihm von ihren letzten Vorräten abzugeben. Zuerst wolle sie nicht. Sie hatte doch nur noch ein bisschen Mehl und etwas Öl, das war alles. Das wollte sie ihrem Sohn lassen. Schlimm genug, dass sie nicht mehr für ihn tun konnte. Welche Mutter würde das nicht verstehen? Aber dann gab sie dem Fremden doch. Der hatte schließlich überhaupt niemanden, der für ihn sorgte. Und er hatte ihr gesagt: Lass auch mich leben! Ich bin sicher, dann wird es für uns alle reichen. Da hat sie ihm ein Fladenbrot gebacken von ihrem letzten Mehl und Öl. War sie also eine Rabenmutter? Eine, die nicht genug für ihren Sohn tat?

Die Mutter damals erlebte aber: ihr Mehl und ihr Öl reichten tatsächlich auch noch am nächsten Tag und am übernächsten und bis zum Ende der Hungersnot. Sie erlebte: Gott selbst sorgt dafür, dass es für alle reicht, wenn Menschen nicht nur an sich selbst denken.

War die Frau nun eine Rabenmutter? Vielleicht hat sie einfach begriffen, dass zum Leben mehr gehört als behütetes Familienleben? Dass Kinder nur behütet aufwachsen können, wenn auch um die Familie herum die Welt in Ordnung bleibt? Im Lexikon habe ich übrigens gefunden, dass Raben besonders anpassungsfähige und intelligente Tiere sind. Ihre Jungen verlassen das Nest sehr früh, noch bevor sie fliegen können. Aber die Elternvögel füttern die Jungen noch einige Wochen weiter, warnen ihre Jungen und schützen sie vor Feinden.

Wenn ich mir das alles überlege, bin ich ganz gern eine Rabenmutter.

LP

Elternzeit statt Muttertag

Der Muttertag kommt allmählich aus der Mode, scheint mir. Immer mehr Mütter mögen ihn nicht so sehr. Mir geht es auch so. Viele Mütter wollen nicht einen Tag lang dafür gefeiert werden, dass sie das ganze Jahr über beinahe allein für den Familienalltag zuständig sind. Sie wollen auch nicht als Einzige die Verantwortung dafür tragen, dass die Erziehung der Kinder und der Familienalltag gelingen. Denn das ist ja die andere Seite der Sache: Wenn irgend etwas nicht stimmt, wenn Lehrer über schwierige Schüler klagen, wenn in den Zeitungen von steigender Jugendkriminalität geschrieben wird, wenn immer mehr Familien auseinander brechen – allzu schnell gibt man den Müttern die Schuld daran. Die kümmerten sich nicht genug und hätten andere Interessen, heißt es. Klar: Wenn man jemandem die Schuld geben kann, dann sind die anderen fein heraus.

Dabei ist da etwas Richtiges dran: Natürlich brauchen Kinder Eltern, von denen und mit denen sie lernen können, wie man die großen und die kleinen Probleme lösen kann, die sich aus dem Gang des Alltags ergeben. Dazu brauchen sie Mütter und Väter, Männer und Frauen. Wenn die Väter keine Zeit, keine Möglichkeit oder keine Lust dazu haben, dann fehlt Kindern eine Hälfte der Lebenserfahrung, an der sie sich orientieren könnten. Dass nur die Mütter zuständig und verantwortlich sind, ist weder ein Naturgesetz noch ist es gottgegeben. Im Gegenteil: In der Bibel wird in vielen Geschichten erzählt, wie sich gerade Väter für ihre Töchter und Söhne engagieren. Sie sind da, die Väter, wenn ihre Kinder sie brauchen.

Aber es gibt doch inzwischen Hausmänner, sagen Sie jetzt vielleicht, und sogar vom ehemaligen englischen Premierminister Tony Blair stand in allen Zeitungen, dass er über Erziehungsurlaub nachdachte, als sein viertes Kind geboren wurde. Das kam auch bestimmt gut an, besonders bei seinen Wählerinnen, denke ich mir.

Aber was Kinder brauchen, sind nicht solche spektakulären Maßnahmen für ein paar Monate, die dem Zeitgeist entsprechen und gut sind fürs Image. Kinder brauchen Väter und Mütter in Rufweite, mit denen sie auf Tuchfühlung leben können, wenn sie sie brauchen. So wie der Mann in meinem Dorf, der monatelang halbtags gearbeitet hat, als sein Sohn schwer krank wurde. Er wollte seinem Kind beistehen und seine Frau nicht alleinlassen. Das war ganz unspektakulär und geschah ohne ideologische Wichtigtuerei. Und einen Vatertag hätte er dafür bestimmt nicht gewollt.

LP

Andere Umstände

Stellen Sie sich vor, Ihre beste Freundin ist schwanger. Wie reagieren Sie? Sagen Sie: „Hast du dir das auch gut überlegt? Hoffentlich kriegst du das hin!" Oder sagen Sie: „Herzlichen

Glückwunsch. Ein Baby! Das ist ja toll. Auf mich kannst du zählen!"

Oder stellen Sie sich vor, in Ihrem Betrieb ist eine Mitarbeiterin schwanger. Sagen Sie: „Ausgerechnet jetzt!! Und wer arbeitet die Vertretung ein?", und nehmen sich im Stillen vor, beim nächsten Mal keine Frau mehr einzustellen? Oder sagen Sie: „Das freut mich aber. Lassen Sie uns demnächst darüber reden, wie wir eine gute Vertretung für sie finden!"

„Hast du dir das auch gut überlegt? Ausgerechnet jetzt!" Wie viele Frauen haben wohl als erstes solche Sätze gehört, die sagen: Da kommen jetzt nur Schwierigkeiten auf dich zu. Hättest du daran nicht vorher denken können? Überlegen Sie mal, wie man sich fühlt, wenn man solche Sätze hört.

Dabei könnte es doch auch ganz anders sein. In der Bibel wird die Geschichte einer schon älteren Frau erzählt, die noch ein Kind erwartet. Da könnte man allerlei Bedenken haben und sich Sorgen machen. Aber die Bibel erzählt: *„Ihre Nachbarn und Verwandten hörten, dass Gott große Barmherzigkeit an ihr getan hatte, und freuten sich mit ihr."* (Lk 1,57) Wenn sich Menschen mit mir freuen, dann fühle ich mich nicht allein. Denn wer sich mit mir freut, der wird mich nicht alleinlassen.

Ich verstehe die Mütter und Väter, die zunächst eher besorgt sind, weil sie nicht wissen, wie sie das allein schaffen sollen. Ich weiß auch: es gibt Situationen, da ist es schwer, manchmal vielleicht auch zu schwer, die Verantwortung für ein Kind zu übernehmen. Aber ganz oft geht es besser als gedacht, wenn Mütter oder Eltern damit nicht allein bleiben müssen. Dass in unserem Land immer weniger Kinder geboren werden, wird inzwischen überall beklagt. Aber wenn eines unterwegs ist, dann bekommen die Leute, die davon hören, oft zunächst einmal einen Schreck. Da ist nicht zuerst die Freude darüber, dass ein neuer Mensch geboren wird. Und die Hoffnung auf Glück: Wir werden ganz neue, ungeahnte Erfahrungen machen! Da ist nicht zuerst die Freude, sondern der Gedanke an die Belastungen, die dieses Kind bedeutet. Ist es da ein Wunder, dass junge Frauen und ihre Partner sich sehr gut überlegen, ob sie das überhaupt wollen, ein Kind? Ich glaube: Um aus unserem Land ein Kinderland zu machen, braucht es auch genügend Kindergeld für junge Eltern, bessere Betreuungsangebote für Kinder, Spiel- und später Ausbildungsplätze. Aber vor allem braucht es Menschen, die sich mitfreuen, wenn ein Kind unterwegs ist, und sich mit verantwortlich fühlen für die Kinder in unserem Land.

LP

A Dieu!

Sie kennen das wahrscheinlich alle: Ganz am Schluss, bevor man endgültig Abschied nehmen muss, kommen die Ermahnungen und die Ratschläge. „Fahr vorsichtig – pass gut auf dich auf – überleg immer erst, worauf du dich einlässt – zieh dich warm genug an – vergiss nicht anzurufen ..." Vorher war so viel Zeit, aber da hatte man anderes zu reden. Oder vielleicht gab es auch nichts, worüber man hätte reden müssen. Und außerdem weiß man ja – als Mutter allemal –, dass Ermahnungen und Ratschläge nicht so gut ankommen und eher nerven. Aber einmal muss ich es eben doch wenigstens sagen. Ich meine es doch gut mit dem, den ich gehen lassen muss. Ich will doch, dass es ihm gut geht, dort, wo er jetzt allein hinfährt oder hingeht. Ich hab ihn doch lieb. Da muss ich ihm doch noch ein paar Ratschläge geben, wie er es anfangen soll.

Genau dasselbe finde ich in den Briefen, die in der Bibel aufbewahrt sind. Auch dort stehen immer am Ende noch ein paar Ermahnungen: Vertragt euch, vergeltet nicht Böses mit Bösem, nehmt Rücksicht auf die Schwachen. Was man halt so sagt. Aber, das wissen wir Mütter, das wissen Väter und Großmütter und Großväter ja nun auch: Solche Ermahnungen sind gut gemeint – und in der Regel völlig nutzlos. Sie machen am Ende doch, was sie wollen, die, die wir gehen lassen müssen. Sie fahren wie die

Henker, stürzen sich in allerlei Abenteuer und rufen nicht an. Man kann Menschen mit Ratschlägen und Ermahnungen nicht ändern, auch nicht die Menschen, die man lieb hat. Kann man also gar nichts tun für die, die weggehen? Nichts, damit sie es gut haben? Muss man sie einfach sich selbst überlassen?

Nein, lese ich in einem Brief des Apostels Paulus, das nicht. Aber man muss – man kann! – ich kann sie Gott überlassen. Mitten in seinen Ermahnungen nämlich bricht Paulus plötzlich ab und erinnert sich und mich: *„Er selbst aber, der Gott, der Frieden hat und Frieden gibt, möge euer Herz und euer Handeln bestimmen. Er möge euren Geist, eure Seele und euren Leib ohne Tadel bewahren."* (1 Thess 5,23) Gott selbst geht mit denen, die ich gehen lassen muss. Er gibt denen seinen Geist, für die ich auch mit den besten Ermahnungen nichts mehr tun kann. Er kann trösten, wenn etwas schief geht. Er kann einem das Herz bewegen und den Kopf – damit man wieder weiß, was richtig ist und was falsch.

Deshalb können Mütter, können Väter und Großväter und Großmütter sich die Ermahnungen und die Ratschläge ganz am Schluss wahrscheinlich wirklich sparen und die Kinder und Enkel getrost gehen lassen: Gott selbst wird mit ihnen gehen. Vielleicht sollten wir denen, die wir gehen lassen müssen, nur das am Schluss noch sagen: „Behüte dich Gott" oder „A Dieu! – Gott befohlen".

LP

Ein Engel für Tobias

Eine Weile ist man gemeinsam unterwegs. Dann muss man sie gehen lassen. Die Kinder zum Beispiel. 20 Jahre oder länger hat man als Mutter oder Vater mit ihnen und für sie gelebt. Das ging mal besser und mal schlechter. Aber es war doch Leben in der Wohnung. Man konnte sich mitfreuen, wenn es ihnen gut ging. Und man konnte sich kümmern, wenn es nicht so lief.

Und dann ist der gemeinsame Weg auf einmal zu Ende. Die Kinder haben eigene Ziele. Sie wollen ihren eigenen Weg dahin finden. Sie wollen vielleicht erst probieren, welches der richtige Weg für sie ist. Jedenfalls: Sie gehen aus dem Haus. Das ist gut und richtig so, auch wenn sie vielleicht für den Anfang ganz besonders weit weggehen und kaum etwas von sich hören lassen. Viele erwachsen gewordene Kinder brauchen zunächst einen ziemlich großen Abstand, um die eigene Richtung zu finden. Wahrscheinlich haben sie Angst, dass sie sonst wieder ins alte, elterliche Fahrwasser geraten. Deshalb gehen sie erst einmal auf Distanz, zumindest räumlich. Das ist gut so – auch für die Eltern, denen es ja sonst noch schwerer fiele, sich wirklich nicht einzumischen. Aber es tut trotzdem weh. Hoffentlich finden sie die richtigen Weggefährten und Begleiter, wenn ich als Mutter oder Vater schon nichts mehr für sie tun kann. Das ist für Eltern oft eine ganz besondere Sorge: In welche Gesellschaft wird mein Kind geraten? Welche Freunde werden seinen Weg mitbestimmen?

In der Bibel gibt es eine Geschichte, die meinem Mutterherzen gut tut. Ich will sie Ihnen erzählen. Sie handelt von Eltern, die ihren Sohn gehen lassen müssen. Auf eine lange, wichtige Reise. Es heißt, Tobias, der sich ganz allein auf den Weg machen will, sei ihr einziger Sohn gewesen. Umso größer war wahrscheinlich auch die Sorge der Eltern. Aber sie ist unnötig. Denn gleich zu Beginn seiner Reise findet Tobias einen Begleiter. Einen anderen Reisenden, der sich auskennt und anscheinend dasselbe Ziel hat. Trotzdem: Im Grunde ist er ein Fremder für Tobias und erst recht für seine Eltern. Sie versuchen herauszufinden, was das für einer ist. Aber was sagen schon Herkunft oder Familie über einen Menschen, den man gerade erst kennengelernt hat? Es geht aber wirklich alles gut, besser sogar, als erwartet. Ganz am Ende stellt sich dann heraus: Es ist ein Engel gewesen, der diesen jungen Mann Tobias begleitet und mit ihm das Ziel gefunden hat. Engel sind

Beauftragte Gottes, und erkennen kann man sie erst im Nachhinein. Mich tröstet diese Geschichte sehr. Ich bin gespannt, welche Engel meine Kinder begleiten werden.

LP

VÄTER

Vaterglück

Kinder sind ein Glück. Aber das Glück hat seinen Preis. Und den zahlen vor allem die Frauen, meinte die Journalistin Iris Radisch in einem Zeitungsartikel. Wenn Frauen Kinder bekommen, sind sie Mütter, ein Leben lang. Männer seien höchstens Lebensabschnittsväter. Frauen hätten die Alltagspflichten und -sorgen mit den Kleinen, viele Männer würden sich eher entziehen. Kinder sind ein Glück, aber den Preis zahlten vor allem die Frauen. Vielleicht hat Iris Radisch sogar recht. Aber kann man einem potenziellen Vater Freude und Lust auf eigene Kinder machen, wenn man fordert: „Los, jetzt zahl du auch mal deinen Preis fürs Glück!"

Vielleicht verweigern sich viele Männer ja deshalb, weil sie bei den Kindern vor allem den Preis sehen und eben kein Glück. Ihr Glück suchen sie eher wo anders. Im beruflichen Erfolg, in Unabhängigkeit und Mobilität, in einer Partnerschaft, in der man nicht auf Kinder Rücksicht nehmen muss. Müssten wir älteren Väter den potenziellen jungen Vätern darum nicht vor allem erzählen, dass Kinder ein Glück sind? Und warum sie das sind? Vielleicht glauben sie das ja gar nicht. Was würden Sie sagen? Sind für Sie Kinder, Ihre Kinder ein Glück?

Für mich drückt ein Satz aus der Bibel sehr tiefsinnig aus, was meine beiden inzwischen großen Kinder für mich bedeuten. Der Satz heißt: „Gott, du sendest deinen Odem aus, so werden Menschen geschaffen, und damit machst du neu die Gestalt der Erde." Ich nehme diesen Satz persönlich: Kinder haben mich immer wieder neu gemacht. Und das ist Glück. Wir Menschen sehnen uns nach Erneuerung, weil Älterwerden ja so unabwendbar ist. Kinder können einen erneuern, von Geburt an. Da steht man vor etwas völlig Neuem.

Aber auch später zeigt uns die junge Generation ihre Welt und ihre Erfahrungen, ihre Musik, ihren neuen Horizont, und das kann einen selbst jünger halten, aufmerksamer, offener, es kann helfen gegen Verknöcherung. Ich wüsste weniger über die Welt, wenn meine Kinder sie mir nicht mit ihren Augen zeigen würden. Sie verjüngen meine Wahrnehmung.

Sicher – Kinder kosten Kraft und Nerven, machen einen damit auch älter. Aber das Erneuern überwiegt, das Belebende. Ich habe von der jungen Kraft meines Sohnes oft profitiert.

Alles andere, wovon man sich als Mann sonst Glück verspricht, wird mit einem selbst auch älter. Der Beruf, die Arbeit – irgendwann kennt man alles, oder man kommt nicht mehr mit, und man spürt, wie hoch der Preis war, den man dafür gezahlt hat. Der Besitz – er ist angenehm, aber er nutzt sich ab. Erneuern kann einen nur, was lebendig ist. Darin kommt etwas von Gott zu uns. Und das ist auch Männerglück, wenn die junge Generation uns und die Welt erneuert. Ist das nicht den Preis wert?

WS

Papas Nachtgebet

Wenn ich könnte, würde ich heute im Leben manches anders machen als früher. Als Vater zum Beispiel. Ich würde versuchen, mit und für meinen Sohn konsequenter zu sein. Regelmäßiger und verlässlicher. Ich vermute, Sie kennen so etwas.

Viele Kinder schlafen beispielsweise besser ein mit einer Gutenachtgeschichte und einem Gebet. Ich meine inzwischen, Kinder brauchen das, es tut ihnen gut, wenn das ganz regelmäßig geschieht. Da darf man auch nicht „schludern". Auch nicht bei den Kindern, die nicht ausdrücklich danach verlangen.

Rituale geben Kindern Sicherheit, so finden sie Vertrauen zu Mama und Papa, zu Menschen überhaupt und ins Leben. Und daraus kann auch Gottvertrauen bei Kindern wachsen. Manche Kinder – ich vermute, es sind eher die Mädchen – verlangen von sich aus nach einer Geschichte, wollen nicht ohne einschlafen und nicht ohne ein Nachtgebet. Anderen tut es auch gut, aber die sagen es nicht selbst – und ich glaube, das sind öfter die Jungs. Da müssen wir Erwachsene von uns aus kommen und Gutenachtgeschichte und Gebet in den Tag-Nacht-Übergang fest einbauen. Und das verlässlich. Beten ist wichtig, weil es dem Kind hilft, sich das vom Herzen zu reden, was es erlebt hat, und den Tag hinter sich zu lassen.

Ich weiß, viele Eltern tun sich schwer zu beten, entweder weil sie keine Gebete kennen oder weil ihnen die, die sie kennen, altmodisch vorkommen. Es gibt viele Bücher mit Kindergebeten, die auch Spaß machen, die man entweder so übernehmen kann oder die anregen, eigene Worte für sein Kind zu finden.

Zwei Gebete seien hier als Anregung genannt: Das erste Gebet ist für den Abend. Da hat man noch ein bisschen erzählt, was am Tag so alles war, noch etwas vorgelesen, das Kind kommt langsam zu Ruhe, und dann kann man Folgendes sprechen: „Müd ist mein Bein, müd ist mein Arm. Ich lieg im Bett, da ist es warm. Wie schön ist schlafen und das Erwachen. Ich habe viele schöne Sachen. Du großer Gott, du bist bei mir. Du großer Gott, ich danke dir. Amen." Ich finde es wunderbar, wenn man als Eltern seine Kinder so spüren lässt, dass über ihnen und unserer Welt ein liebender Gott sein Dach spannt. Und uns Erwachsenen tut das auch gut.

Das zweite ist ein Tischgebet. In ihm kommen danken und denken zusammen. Es geht so: „Du siehst die Reichen, großer Gott. Du siehst die Armut, siehst die Not. Lass auch uns Kinder, wenn wir essen, die andern Menschen nicht vergessen. O Gott, hilf du uns Freude machen, dass Traurige und Kranke lachen. Amen."
WS

Vaterschaftstest

„Ich bin nicht der Vater." Es muss ein richtiger Schock für ihn gewesen sein. Er wusste es genau, einen Vaterschaftstest brauchte er dafür nicht. Er hatte nicht mit ihr geschlafen. Und trotzdem war sie schwanger. „Soll ich sie vor Gericht bringen? Nein, das bringe ich nicht übers Herz. Ich liebe sie trotz allem. Aber bei ihr bleiben, das kann ich auch nicht. Mit dieser Kränkung kann ich nicht leben. Mit diesem Vertrauensbruch. Das halte ich nicht aus neben ihr ein ganzes Leben lang, diese gewisse Ungewissheit. Ich gehe weg. Baue mir woanders eine neue Existenz auf."

Und dann ist Josef doch bei Maria geblieben. Und bei dem kleinen Jesus. Hat gelernt, ihr Mann zu werden und der Vater, obwohl er biologisch nicht der Vater war. Wie kann Mann das lernen, Vater zu sein für Kinder, die man nicht gezeugt hat?

In der Bibel, die diese anrührende und so unglaublich moderne Geschichte erzählt, hilft Josef ein Engel, über diese große Hürde zu springen. Josef fühlt sich durch den Engel von Gott angesprochen. Da heißt es: „*Während Josef noch hin und her überlegte, erschien ihm im Traum der Engel des Herrn und sagte zu ihm: ‚Josef, scheue dich nicht, Maria, deine Frau, zu dir zu nehmen! Denn das Kind, das sie erwartet, kommt vom Geist Gottes. (...) Als Josef erwachte, tat er, was der Engel des Herrn ihm befohlen hatte, und nahm Maria zu sich. (...) Und er gab ihm den Namen Jesus.*"

Ein prima Mann, dieser Josef. Er hört nicht darauf, was seine gekränkte männliche Seele ihm einflüstert, er hört auf die Stimme des Engels. „Der Kleine ist ein Geschenk Gottes. Und er braucht dich. Und seine Mutter auch."

Und dann dieser wunderbare Satz am Schluss: „*Und Josef gab ihm den Namen Jesus.*" Nicht die Mutter. Ich glaube, mit dieser Namensgebung ist Josef endgültig zum Vater geworden, hat den Jungen adoptiert. „Jesus braucht mich. Ich bleibe da." Ist es nicht so? Jedes Kind ist ein Geschenk Gottes, das uns herausfordert. Nicht schon die Zeugung macht uns zu wirklichen Vätern, sondern erst die Liebe, die wir unseren Kindern geben. Wenn wir es innerlich an-

nehmen und mit Leben füllen, dass Kinder Väter brauchen. Unsere Zeit, unser Interesse, unsere Arme, unser Herz. Unser Rückgrat,
damit sie im Leben nicht nur die bequemen Wege suchen. Unsere
Geduld, unseren Mut und unsere Kraft. Unser Lob, unsere Kritik und
unsere Freude.

WS

Neue Väter

Was macht eigentlich einen Mann zum Vater? Jedenfalls
nicht, dass ein Kind zur Welt kommt, das er gezeugt
hat. Das macht einen Mann zum Erzeuger eines Kindes. Ein Vater
ist etwas anderes.

Ein Vater ist ein Mann, der sich verändert, weil er ein Kind
hat oder sogar mehrere. Die, die sich darauf einlassen, sagen mir:
Es ist ein großes Glück, das zu erleben. „Bei meiner Arbeit habe
ich immer wieder mal einen Durchhänger, dann frage ich mich,
ob das überhaupt Sinn hat, was ich da mache", hat mir ein Vater
erzählt. „Mit den Kindern gibt es auch manchmal Ärger, klar.
Aber ich habe mich noch nie gefragt, ob das Sinn hat. Für die Kinder sorgen hat Sinn – das ist gar keine Frage."

Die Bibel erzählt von Josef, der als Vater für Jesus gesorgt
hat. Der hatte bestimmt andere Pläne, hatte sich sein Leben
anders vorgestellt. Aber dann bekam seine Braut zur Unzeit
dieses Kind. Kaum war es auf der Welt, war sein Leben bedroht.
Da gab Josef seine Pläne auf und sorgte für Jesus. Josef, der
Vater, überlegte nicht, was aus ihm und seinen beruflichen
Plänen werden könnte. Er brachte Mutter und Kind in Sicherheit.

Ein Vater ist ein Mann, der anders wird, weil er Kinder hat.
Väter wissen, dass nicht alles planbar ist, dass man nicht alles
delegieren kann, dass es darauf ankommt, selbst da zu sein, sich
selbst herzugeben. Dass man da sein muss, damit andere leben

können – das erleben Väter. Ein Vater ist ein Mann, der überlegt: Was kann ich tun, um meinem Kind leben zu helfen? Wer so an seine Kinder denkt, wird auch bei seinen sonstigen Aufgaben so denken. Und das wäre gut für uns alle. Ich kenne Männer, die nach Feierabend mit ihren Söhnen den Schulhof neu gestalten – und sie haben eine Menge Spaß dabei. Das sind Väter. Männer, deren Leben sich verändert hat, weil sie Kinder haben.

Es gibt auch Männer, die bekommen ein Kind, haben manchmal sogar mehrere, und sie leben weiter wie bisher. Am Wochenende allerdings oder im Urlaub – da haben sie Spaß mit den Kindern. Spielen Fußball, gehen zum Schwimmen, vielleicht sogar Rad fahren und zelten übers Wochenende. Für die sind ihre Kinder so eine Art Freizeitbeschäftigung. Wenn sie keine Freizeit haben, dann haben die Kinder Pech gehabt. Und die Mütter auch. Ich finde das schade, auch für die Männer, denn die verpassen eine Menge. Sie erfahren nicht, wie es sich anfühlt, wenn sich ein Kind einem anvertraut. Die haben zwar Kinder – aber Väter sind sie nicht. Unser Land braucht aber Väter. Nicht nur die Kinder.

LP

Verlorene Söhne?

„Manchmal habe ich Angst, ich könnte ihn verlieren", hat mir vor Kurzem ein Vater gesagt. Er meinte damit seinen Sohn. 18 ist der. Ich habe den Vater sehr gut verstanden. Ich vermute, Sie kennen das auch, wenn Sie, wie er und ich, Kinder zwischen 14 und 20 oder darüber haben: Sohn und Tochter werden einem fremd, entfernen sich. Sie machen Dinge, die man nicht begreift. Man macht sich Sorgen, hat das Gefühl, dass manches schief läuft, dass er oder sie abdriften könnten. Man will helfen, Einfluss nehmen, Ratschläge geben. Aber manchmal hat man das Gefühl: Ich komm nicht mehr an. Sie können nicht mehr annehmen, was ich sage. Ihr eigentliches Leben behalten sie für sich. Da kann einen das Gefühl beschleichen: Ich könnte ihn verlieren. Mit dieser Angst muss man zurechtkommen.

Jesus erzählt von einem Vater, dessen Sohn sich auch entfernt, viel radikaler als die meisten Söhne und Töchter heute. Dieser Sohn will sein Erbe haben, obwohl der Vater noch lebt, will alle Brücken hinter sich abbrechen und ins Ausland verschwinden. Und der Vater gibt ihm das Erbe. Kein Zorn, keine Vorwürfe. Nicht einmal, als der Sohn nach Jahren gescheitert zurückkommt. Er freut sich nur, ohne Triumphgefühl: „Siehst du mal, ich habe es doch gewusst!" Nichts dergleichen. Hatte dieser Mann keine Angst, dass er seinen Sohn verlieren könnte? Wahrscheinlich doch, aber er hat seine Verlustangst überwunden. Wie? Ich glaube, er hat nie ernstlich gemeint, dass der Sohn „verloren" ist.

Das ist vielleicht das Wichtigste: Kinder, die sich entfernen, sind nicht automatisch „verloren". Das ist meine Angst, die ich verlieren sollte. Mein Sohn macht sich auf den Weg, sich selbst zu finden. Und dabei benutzt er auch andere Wegweiser als mich. Sich selbst zu finden, kann ich ihm nicht abnehmen. Klammern hilft nicht, aber Zutrauen, dass er seinen Weg finden wird.

Das Zweite, was ich wichtig finde: die Kinder nicht „verloren" geben, sich innerlich nicht von ihnen zurückziehen, auch wenn sie merkwürdige Wege gehen. Zeichen geben: Ich bin da. Auf sie zugehen. Nicht zu allem Ja und Amen sagen. Auch ein Streit kann etwas Gutes sein: ein Zeichen, dass man sich füreinander interessiert und sich nicht verloren gibt.

In der Geschichte in der Bibel, die Jesus erzählt hat, finden sich Vater und Sohn nach langen Jahren der Entfremdung wieder, weil die Liebe zwischen ihnen nie endgültig gestorben war.

WS

Generationenvertrag

Früher war nicht alles besser. Auch nicht zwischen den Generationen. Ein positives Verhältnis zwischen Jung und Alt gab es wohl nie automatisch. Immer wieder musste an den Generationenvertrag erinnert werden, immer wieder musste man ausprobieren, wie Alte und Junge liebevoll und gerecht miteinander leben können. Warum sonst wäre das vierte Gebot in die Reihe der Zehn Gebote Gottes gekommen? Selbstverständlichkeiten schreibt man nicht in sein Grundgesetz.

„Du sollst Deinen Vater und Deine Mutter ehren."

Im Namen Gottes wird die junge Generation, die mitten im Leben steht, erinnert, den Alten ein Leben in Würde zu ermöglichen.

Aber auch das Verhältnis von Alt zu Jung war nicht immer im Reinen. Im Gegenteil: Wie mürbe und belastet es früher schon sein konnte, zeigt ein böse-sarkastisches Sprichwort, das im Alten Testament überliefert ist. *„Die Väter haben saure Trauben gegessen und den Söhnen sind die Zähne stumpf geworden"*, wird bei zwei Propheten, bei Jeremia und Hesekiel überliefert. Prekär ist nicht das Leben der Alten, eher umgekehrt. Die Jungen beklagen sich, dass sie die Sünden und Versäumnisse der Vergangenheit ausbaden müssen, die sie nicht begangen haben. Sie beklagen eine Art negativen Generationenvertrag. Sie müssen für Schulden geradestehen, die die Generationen vor ihnen angehäuft haben. Die Verantwortungslosigkeit der Väter wird ihnen aufgebürdet. Die Bürde der Vergangenheit lässt sich aber nicht einfach abschütteln, die Generationen bleiben miteinander verbunden. Die Jungen können nicht aussteigen, sie können nur sarkastisch kommentieren.

Manchmal fürchte ich, unsere Kinder, die heute 20-Jährigen könnten auch einmal so über uns, ihre Eltern und Großeltern, reden. „Die Väter haben es sich gut gehen lassen, Schulden gemacht, und wir können sehen, wie wir damit klarkommen." Was die öffentlichen Finanzen angeht, könnten sie so klagen. Und auch viele Umweltsünden unserer Generationen werden sie wohl noch lange spüren, aber die Bibel bleibt nicht bei Sarkasmus und Klage stehen. Sie ist überzeugt: Gott eröffnet neue Aussichten. Es eröffnet Zukunft, wenn auch bei uns der Generationenvertrag wieder ins Gleichgewicht kommt, wenn unsere Generation die Schuldenberge für die Jungen endlich verringert. Es ist gut, wenn wir uns immer wieder darum bemühen: dass die Alten in Würde leben können und dass die Jüngeren keine alten Lasten in die Zukunft mitschleppen müssen. Damit die Alten etwas zu beißen haben und den Jungen die Zähne nicht stumpf werden.

WS

Vater mit Herz

Himmelfahrt. Schon wieder so ein günstig gelegener Feiertag. Wir Christen feiern, dass Jesus Christus nach seiner Auferstehung zu Gott zurückgekehrt ist. Und wir verlassen uns darauf, dass er versprochen hat: *„Ich bin bei euch alle Tage, bis an der Welt Ende."*

Himmelfahrt. Viele sagen auch Vatertag dazu. Kinder finden das nur gerecht, scheint mir, wenn es doch auch einen Muttertag gibt. Manche machen ihren Vätern kleine Geschenke wie den Müttern am Muttertag. Vielleicht wird sogar in manchen Kindergärten inzwischen entsprechend auch für Väter gebastelt. Keine Ahnung. Aber ich glaube, das wäre gut. Gut für die Väter, wenn sie spüren können: Ich bin für meine Kinder genauso wichtig wie die Mutter.

Und die Väter selbst? Viele machen an diesem Tag längst einen Familienausflug. Bei hoffentlich schönem Wetter mit dem Fahrrad und Würstchen zum Grillen, mit der eigenen Familie und oft auch noch mit anderen, damit die Kinder Gesellschaft haben und die Eltern auch. Und manche Männer machen immer noch eine Vatertagstour, mit Bollerwagen und Bierfässchen darauf. Wenn das die Väter brauchen, denke ich mir, mal einen Tag Pause vom Familienalltag – warum nicht? Mütter brauchen das auch manchmal.

Sie merken vielleicht: Ich finde es gut, wenn es so einen Vatertag gibt. Es muss ja vielleicht nicht gerade an Himmelfahrt sein. Einen Tag, an dem Kinder ihren Vätern zeigen, wie wichtig sie sind. Einen Tag aber vor allem, an dem Männer sich darauf besinnen können, ob und wie sie Vater sein wollen. Vielleicht geht das tatsächlich allein unter Männern besser, dass sie sich fragen: Was für ein Vater bin ich denn? Was für ein Vater wäre ich gerne? So einer, wie mein Vater es war? Oder ganz anders? Was will ich als Vater eigentlich erreichen bei meinen Kindern und für meine Kinder?

Die Bibel erzählt übrigens von vielen Vätern. Manche sind großartig. Manche machen schlimme Fehler. Ihnen und uns Müttern auch gibt Jesus einen Rat: *„Seid barmherzig, wie euer Vater im Himmel barmherzig ist."* Barmherzig – das heißt: gebt den anderen, was sie zum Leben brauchen. Rechnet ihnen nicht ihre Leistungen vor und ihre Fehler. Fragt nicht, ob sie es verdient haben. Zeigt ihnen, dass Gott die Menschen liebt – weil sie seine Kinder sind, nicht weil sie etwas Tolles leisten. Barmherzigkeit also zeichnet einen Vater aus, dass er barmherzig ist mit seinen Kindern. Und mit sich selbst auch.

LP

TYPISCH FRAU

Frauenrollen

Mit den Frauen – mit uns Frauen – ist es merkwürdig. Immer noch, obwohl so vieles anders geworden ist, ist doch alles beim Alten geblieben. Inzwischen gehen Mädchen – jedenfalls in unserem Land – genauso selbstverständlich zur Schule wie Jungen. Auch an der Universität gibt es eher noch mehr Studentinnen als Studenten. Und die Abschlusszeugnisse an Schule und Uni sind im Durchschnitt bei den Frauen besser. Da hat sich viel verändert. Aber in den Führungspositionen in unserem Land – dort, wo entschieden wird, wofür Geld da ist und wofür nicht, dort, wo Weichen gestellt werden, was wichtig ist und wo und wie etwas getan werden muss –, da gibt es nur ganz wenige Frauen. Dort hat sich fast gar nichts verändert.

Woran liegt das? Sind Männer am Ende doch durchsetzungsfähiger als Frauen? Liegt es an den Verhältnissen, weil Familie und Beruf eben doch noch nicht wirklich vereinbar sind und einer sich eben um die Kinder kümmern muss und der eine meistens die eine ist? Liegt es an der Erziehung – weil man Mädchen beibringt, schön rücksichtsvoll und leise zu sein und sie dann oft selbst meinen, Männer können das eben besser: Chef sein, Amtsleiter, Oberbürgermeister, Minister?

Wahrscheinlich kommt all das zusammen. Deshalb ist es wichtig, finde ich, dass wir Frauen uns immer wieder einmal klarmachen: Das ist kein Naturgesetz, dass Frauen irgendwie im Hintergrund das ausgleichen und heilen, worum sich die Chefs nicht auch noch kümmern können. Das ist kein Naturgesetz und auch nicht gottgewollt.

Sicher, in der Bibel, steht: *„Die Frauen sollen in der Gemeindeversammlung schweigen – wollen sie aber etwas lernen, sollen sie daheim ihre Männer fragen."* Sie glauben nicht, wie oft ich das schon gehört habe! Das hat Paulus den Christen in Korinth geschrieben, wer weiß, was damals in den Gemeindeversammlungen los war. Frauen können furchtbar nervig sein – genau wie Männer.

Ich bin deshalb froh, dass etwas anderes auch ausdrücklich in der Bibel festgehalten ist: Als Jesus gekreuzigt war und begraben, da waren Frauen die Einzigen, die sich trauten, wenigstens nach seinem Grab zu schauen. Deshalb waren sie es, die als Erste erfuhren: Er ist gar nicht tot. Er lebt! Es war doch richtig so, wie er gelebt hat und was er gesagt hat. Und diese Frauen bekamen den Auftrag, das den verängstigten Männern weiterzusagen. Wer weiß, ob die es sonst erfahren hätten.

Ich finde deshalb: Frauen können von Männern lernen – klar. Ohne meine Söhne wäre ich am PC aufgeschmissen. Aber von Frauen kann man auch ganz viel lernen. Und nur wenn Frauen und Männer miteinander reden und entscheiden, wird das Leben für alle gut.

LP

Trotz allem

Wenn man Hoffnungen hat, lebt man leichter. Man kann gegen eine Krankheit kämpfen, eine berufliche Krise überwinden, mühsame Beratungen geduldig fortsetzen, wenn man weiß: Wir haben ein Ziel, das ist gut, und dafür lohnt es sich. Deshalb ist es wichtig, sich immer wieder an das Ziel zu erinnern und andere zu haben, die einem auch die Fortschritte zeigen, einen damit bestärken und stützen.

Denn manchmal werden die Hoffnungen, mit denen man etwas angefangen hat, von enttäuschenden Erfahrungen regelrecht zernagt und zerfressen. Es gibt immer neue Widerstände, es geht so unendlich langsam voran, es gibt Fehlschläge, die anderen ziehen nicht so mit, wie man sich das vorgestellt hat. Irgendwann fängt man an, am Ziel zu zweifeln. War es vielleicht nur ein Irrtum, ein rosaroter Traum, aber die Wirklichkeit ist anders? Man sieht ja, wie mühsam die ist.

Einer Frau ist es anscheinend gelungen, an ihren Hoffnungen festzuhalten. Das ist Maria, die Mutter von Jesus. Dass Gott eine neue Welt schaffen würde, in der jeder gern gesehen ist und alle gleichermaßen leben können, das hatte Maria anscheinend gehofft. Und geglaubt, dass Gott mit ihr Großes vorhat für diese neue Welt. Ihr Sohn würde den Menschen den Weg zeigen zu dieser anderen Welt.

Maria war hoch gestimmt von dieser Ankündigung, fröhlich, mutig erwartete sie diesen besonderen Sohn. Aber dann kamen die Erfahrungen. In einem Stall musste sie ihn zur Welt bringen, später war er umstritten mit seinen Reden von der besseren Welt Gottes, zu ihr und gegenüber ihren Mahnungen und Erwartungen war er schroff und abweisend. Und schließlich wurde er als Aufrührer hingerichtet. Das sah nicht nach neuer Welt aus, viel eher nach grauer, deprimierender Realität. Aber Maria hielt an ihren Hoffnungen fest. Nach Jesu Tod war sie bei den ersten Christen, die begriffen hatten: Wenn sich die Welt verändern soll, dann müssen wir uns verändern, anders miteinander umgehen als bisher. Und tun, was wir können, damit die Welt sich ändert.

Wie hat sie das geschafft? Zwei Dinge scheinen mir wichtig nach dem Wenigen, das man von ihr weiß. Sie hat immer Menschen um sich gehabt, Menschen bewusst gesucht, die mit ihr gehofft haben. Die Hoffnung zu bewahren, ist für eine allein manchmal zu schwer. Und: Maria hat sich immer wieder bewusst an das erinnert, was die Hoffnung bestärkt hat. *„Sie behielt alle diese Worte und bewegte sie in ihrem Herzen"* (Lk 2,19), heißt es in der Geschichte von der Geburt ihres besonderen Sohnes Jesus. Sich sehr bewusst immer wieder an das erinnern, was einen bestärkt – das hält die Hoffnung lebendig.

LP

Rosa Parks, Putzfrau

In Amerika kann man es vom Tellerwäscher zum Millionär schaffen, heißt es. Ich weiß nicht, ob das stimmt. Jedenfalls kann aber in Amerika eine Putzfrau eine Bewegung auslösen, die das ganze Land verändert. Wenn ich ihre Geschichte bedenke, dann scheint mir: Das ist nicht nur in Amerika möglich. Das könnte überall so gehen, wo Veränderungen nötig sind – überall, wo es Putzfrauen gibt oder Pfarrerinnen, Hausmeister, Programmierer oder Chefärzte, die eine Vorstellung davon haben, was Recht ist. Und den Mut, damit anzufangen.

Am 1. Dezember 1955 taten der schwarzen Putzfrau Rosa Parks in Montgomery, Alabama, die Füße weh, als sie nach der Arbeit im Bus nach Hause fuhr. Der Bus war voll besetzt und an der nächsten Haltestelle forderte der Busfahrer sie auf, für einen weißen Mann Platz zu machen, der neu eingestiegen war. Nach dem Gesetz damals war sie dazu verpflichtet. Die Sitzplätze waren für Weiße reserviert. Aber Rosa Parks taten die Füße weh, und sie weigerte sich, aufzustehen. Also wurde sie verhaftet und für mehrere Tage eingesperrt. Eigentlich nichts Besonderes für die Zeit damals. Aber die Schwarzen spürten: Wir können uns das nicht länger gefallen lassen. Organisiert und geführt von dem schwarzen Pfarrer Martin Luther King begannen sie, die Busse in Montgomery zu boykottieren. Die 50.000 Farbigen in Montgomery gingen zu Fuß, die Verkehrsbetriebe fuhren immer größere Verluste ein. Nach 382 Tagen, mehr als ein Jahr später, erklärte der oberste Gerichtshof der USA die Rassentrennung für ungesetzlich. Martin Luther King saß mit Weißen zusammen im Bus in der ersten Reihe. Und die Bürgerrechtsbewegung war nicht mehr aufzuhalten.

Rosa Parks wurde später gefragt, warum sie damals sitzen geblieben sei. „Mir taten die Füße weh", hat sie geantwortet. „Und ich wusste doch, dass es ungerecht war, dass für Schwarze andere Gesetze gelten als für Weiße." Rosa Parks fand das ungerecht, weil sie in ihrer Kirche gelernt hatte, dass Gott alle Menschen gleich geschaffen hat. Ich weiß, auch die Sklavenhändler in den Jahrhunderten zuvor sind Christen gewesen. Jedenfalls hätten sie sich selbst so genannt. Aber es waren eben auch Christen, die als Erste gegen die Sklaverei aufgetreten sind. Es waren Christen, die bekannt haben: Vor Gott sind alle Menschen gleich. Nur so konnte das Selbstbewusstsein entstehen, das Rosa Parks den Mut gegeben hat, sitzen zu bleiben, als ihr die Füße wehtaten. Rosa Parks ist hoch geehrt im Alter von 92 Jahren gestorben. Eine Putzfrau hat ihr Land verändert.

LP

Schöner leben

„Aber das wäre doch nicht nötig gewesen!" Mit diesem Satz habe ich bestimmt schon manchmal jemanden enttäuscht. Jemand wollte mir eine Freude machen, und ich kann meine Freude gar nicht richtig zeigen. Stattdessen: „Das wäre doch nicht nötig gewesen." Bloß keine Umstände wegen mir! Vielleicht kennen Sie das auch. Manchmal will ich mir auch selbst Umstände ersparen mit diesem „Das ist doch nicht nötig!". Was nötig ist, will ich ja gerne tun, damit alle versorgt sind. Aber manches ist eben nicht nötig. Das muss nicht sein. Das kann man lassen.

Immer öfter aber spüre ich: Das ist eine falsche Bescheidenheit, wenn ich so die Freude abwehre, die jemand mir machen will. Und es ist Bequemlichkeit, wenn ich es bleiben lasse, dem anderen eine Freude zu machen – weil es ja eigentlich nicht nötig ist. Und beides hängt irgendwie zusammen: Wer nicht selbstver-

ständlich genießen kann, der kann auch anderen das Leben nicht
schön machen. Denn: Schön ist das Leben so nicht wirklich. Aber
Gott will, dass das Leben schön ist – nicht bloß irgendwie ganz
o. k. Und dazu braucht es das, was nicht nötig ist – aber einfach
schön, wohltuend, unverdient und unerwartet.

Davon erzählt ganz ausdrücklich eine biblische Geschichte:
Jesus war zu einem Essen eingeladen. Man war im Gespräch,
der Abend schon fortgeschritten. Da kam eine Frau herein, ganz
unerwartet und nicht eingeladen. Sie hatte ein Fläschchen sehr
teures Parfum dabei und besprengt Jesus mit dem kostbaren Öl.
Einfach so. „So eine Verschwendung! Das ist doch nicht nötig!",
empören sich da manche. „Mit dem Geld hätte man den Armen
viel Gutes tun können." Aber Jesus, der doch sonst immer ausdrücklich nichts für sich selbst wollte und nur für andere da war,
gibt der Frau recht. Gutes für die, die es nötig haben, könnt ihr
immer tun, sagt er. Aber sie hat etwas Schönes für mich getan.
„Warum macht ihr es ihr so schwer?"

Gerade der, der immer für die anderen da war, lässt es sich
gefallen, was die Frau für ihn tut. Nötig ist es nicht. Aber schön
ist es. Es macht das Leben schön. Es zeigt ihm, wie er verehrt,
wie er geliebt wird. Das ist auch wichtig. Das, was nötig ist, soll
man tun – keine Frage. Aber man kann auch etwas Schönes tun:
für sich selbst und für die anderen auch, damit das Leben schön
wird.

LP

Do it!

M anchmal hat durchhalten und abwarten keinen Sinn
mehr. Manchmal – Gott sei Dank selten – ist es zum
Reden zu spät, muss man sich ein Herz fassen und selbst eingreifen, weil es so einfach nicht mehr weitergehen kann. Es gibt
Situationen, die sind so verfahren, dass keiner der Beteiligten

mehr hinausfindet. Keiner will sein Gesicht verlieren, keiner will einen Schritt zurück: „Dem werde ich es zeigen, dass er so mit mir nicht umspringen kann!" Am Ende werden sie sich womöglich zugrunde richten. Es gibt solche Situationen: in Familien, am Arbeitsplatz, in der Politik – überall, wo Menschen miteinander leben. Dann muss jemand eingreifen. Aber macht man nicht alles nur schlimmer mit solch einer Aktion? Und schafft man sich selbst nicht bloß Ärger? Ist nicht das Wichtigste, dass man zusammenhält, auch in schwierigen Situationen? Das sind alles berechtigte Fragen, finde ich. Trotzdem: Manchmal geht es nicht anders, dann muss man sich ein Herz fassen – weil es nicht bleiben kann, wie es ist.

In der Bibel gibt es die Geschichte von Abigail. Nabal, ihr Mann, hatte Streit angefangen. Wahrscheinlich hatte er Stress, sie waren gerade bei der Schafschur, das war immer eine hektische Zeit. Und offensichtlich war er einer, der sich nicht von anderen sagen ließ, was er tun sollte. Nabal war stur. Er konnte es sich leisten, nur das zu tun, was er für richtig hielt. So hatte er es bisher immer gemacht. Und seine Familie, seine Leute wussten: Mit Nabal kann man nicht reden. So jedenfalls wird er beschrieben. Aber bei diesem Streit war er an den Falschen geraten. Der andere sah sich im Recht, auch er wollte sich nichts gefallen lassen. Da rüstete er zum Kampf. Das jedenfalls ist heute anders – Gott sei Dank.

Es wäre zum Äußersten gekommen, keine Frage. Da bitten die Leute Abigail um Hilfe. Abigail fasst sich ein Herz. Lange genug hat sie dem selbstherrlichen Tun ihres Mannes zugesehen. Lange genug hat sie ausgehalten. Jetzt fragt sie nicht lange. Abigail sagt nichts – das wäre jetzt sowieso sinnlos – sondern gibt dem anderen recht, gibt ihm, was er verlangt hat.

Die Bibel erzählt, wie sie damit großes Unheil abgewendet und Schlimmes verhütet hat. Jetzt – endlich – kann etwas Neues beginnen. Mit Nabals selbstherrlichem Auftreten ist es zu Ende. Abigails Geschichte ist über Jahrhunderte aufbewahrt und immer wieder erzählt worden. Es ist eine Geschichte, die Mut machen soll – nicht nur Frauen. Manchmal braucht man so eine Geschichte.

LP

Mauern überwinden

Dass man gegen Mauern rennt, kennen Sie das auch? Ich möchte etwas Neues versuchen, ich brauche Hilfe, ich habe eine Idee, wie man es besser machen kann – aber nichts geht. „Da könnte ja jeder kommen!", sagen sie. „Wo kämen wir denn da hin?" „Werde erst mal richtig erwachsen!", heißt es, oder: „Lernen Sie erst mal richtig Deutsch!" „Für Frauen ist das nichts!", sagt man. „Was bilden Sie sich eigentlich ein?" Überall Mauern. Da kommt man nicht weiter.

Es gibt so eine Geschichte auch in der Bibel. Von einer Frau wird da erzählt, die Hilfe für ihre kranke Tochter braucht. Allein stehend ist sie, mittellos also wahrscheinlich, eine Ausländerin noch dazu. Aber ihre Tochter braucht Hilfe. Sie geht also zu einem bekannten Heiler, fleht ihn an, ihr zu helfen. Der reagiert gar nicht erst. Seinen Helfern geht die Frau auf die Nerven. „Hilf ihr doch, damit sie Ruhe gibt", sagen sie. „Ich habe genug mit meinen eigenen Patienten zu tun", sagt der Heiler. Die Frau lässt nicht locker. Da wird er wütend. „Man nimmt den Kindern doch auch nicht das Brot und gibt es den Hunden!" Die Frau muss diese unglaubliche Äußerung gehört haben. Wie sie sich wohl dabei gefühlt hat? Ich hätte spätestens jetzt ganz bestimmt aufgegeben. Es hat doch keinen Sinn, gegen so eine Mauer zu rennen!

Aber die Frau gibt nicht auf. Sie weiß: Das hier, der hier ist ihre Chance. Eine andere hat sie nicht. Sie reagiert verblüffend gelassen: „Ja", sagt sie, „aber auch die Hunde leben von dem, was vom Tisch der Herren herunterfällt." Da hat sie ihn überzeugt, den sturen Arzt. „Dein Vertrauen ist groß!", staunt er. „Was du willst, soll geschehen!" Und ihre Tochter wird gesund.

Wenn man gegen Mauern rennt und einem niemand eine Chance geben will, dann hilft Vertrauen. Vertrauen und Hartnäckigkeit. Weil sie so sicher ist, dass der Arzt ihr helfen kann, deshalb gibt sie nicht auf. Der Arzt übrigens war Jesus. So gesehen ist das eine erschreckende Geschichte. Jedenfalls eine Zeit lang hat sogar er diese Mauern akzeptiert, die damals selbstverständlich waren. Bis das Vertrauen jener Frau ihn eines Besseren belehrt hat. Ich erschrecke trotzdem immer wieder. So hoch, so massiv sind also die Mauern, die wir uns gegenseitig in den Weg stellen?

Die Frau aber, jene ausländische, allein stehende, mittellose Frau hat es geschafft: Sie hat die Mauern überwunden. Ja, im Grunde hat sie sie zum Einsturz gebracht. Sie hat auf Jesus, den Gottesmann, vertraut. Und seither wissen wir: „Das ist nichts für eine Frau!"; „Da könnte ja jeder kommen"; „Lernen Sie erst mal richtig Deutsch!": Solche Mauern müssen weg. In Gottes Namen.

LP

Un-entschieden

Eine Entscheidung zu treffen kann wehtun. Wenn man sich für das eine entscheidet, bedeutet das manchmal auch, es gegen das andere zu tun. Und das ist nicht immer angenehm. Viele drücken sich deshalb vor einer Entscheidung, hangeln sich so durch, versuchen womöglich den Spagat: das eine tun und das andere trotzdem nicht lassen. Aber daraus wird fast nie etwas Gutes. Wer im Spagat lebt, kommt nicht voran, kann nicht neu anfangen. Dann bleibt eigentlich alles beim Alten.

Die Bibel erzählt von drei Frauen, an denen man das sehen kann. Ich denke zuerst an zwei Schwestern, Lea und Rahel. Von Anfang an in Konkurrenz, wie das bei Schwestern so ist. Zuverlässig und ein bisschen herb die ältere: Lea. Charmant und gewinnend die jüngere: Rahel. Und dann werden sie, so war das damals Sitte, mit demselben Mann verheiratet. Der liebt die eine und bevorzugt sie in jeder Hinsicht, aber die andere ist die Hausherrin und bekommt einen Sohn nach dem anderen. Ist ja nicht zum aushalten, denke ich heute. Und war es damals für die beiden Frauen auch nicht. Rivalität und Neid beherrschten ihr ganzes Leben. Jede neidete der anderen, was sie nicht hatte, nicht haben konnte. Sie hätten sich entscheiden müssen, Abschied nehmen von unerfüllbaren Hoffnungen. Oder ausbrechen aus dieser unerträglichen Situation: ganz anders, neu anfangen. Aber das war damals sicher noch schwieriger als heute. Also hielten sie fest am Sowohl-als-auch, sahen keine Möglichkeit, etwas zu ändern. Hatten Angst, zuviel zu verlieren, hatten keinen Mut. Sie lebten im Spagat. Rahel, die jüngere Schwester, stirbt schließlich, weil sie sich zuviel zugemutet hat. Und Lea lebt ihr Leben anscheinend ohne wirkliche Freude.

Die dritte Frau, an die ich denke, Hagar, entscheidet sich. Auch sie lebt in schwieriger Situation, nämlich neben einer Rivalin, die sie ihre ganze Verachtung spüren lässt. Hagar kann und will das nicht ertragen. Sie geht, will anderswo einen neuen Anfang suchen für sich und ihr Kind. Das war damals noch viel schwieriger als heute und Hagars Schritt ein Schritt der Verzweiflung. Es wird auch mühsam genug für sie. Sie braucht zwei Anläufe, beim ersten Mal reicht ihre Kraft nicht. Aber dann gelingt es. Und die Bibel erzählt: Gott sieht sie und ihre Entscheidung. Er schickt ihr einen Ratgeber, der im richtigen Moment die richtigen Fragen stellt. Gott selbst steht Hagar bei. „Du bist ein Gott, der mich sieht!", sagt sie. Und sie findet einen neuen Anfang für sich und ihren Sohn. Ihr Beispiel zeigt mir: Eine Entscheidung zu treffen kann wehtun. Aber Gott steht denen bei, die sich entscheiden.

LP

Gute Erinnerungen

Gegen die Dunkelheit hilft es, Licht zu machen. Gegen dunkle Gedanken helfen gute Erinnerungen. Gute Erinnerungen helfen gegen die Mutlosigkeit, die sagt: Es hat doch keinen Sinn.

Ich glaube, das kann man von einer Frau lernen, von der man gar nicht denkt, dass sie je so dunkle Gedanken gehabt hat. Ich denke an Maria, die Mutter von Jesus. Wenn man die Bilder sieht, die sich die Maler von ihr gemacht haben, dann meint man, sie habe immer nur im Licht gelebt. Wie eine Königin, in rot, blau und gold. Die Bibel erzählt aber, dass ihr Leben bestimmt kein Honigschlecken war. Die fragwürdigen Umstände ihrer Schwangerschaft, die Niederkunft ohne jede Hilfe in einem Stall, später dieser Sohn, den sie so oft nicht verstehen konnte. Er behandelte sie schroff, manchmal kam er ihr lieblos vor, um die Familie kümmerte er sich kaum, und ab und zu dachte sie: Er bringt sich und uns ins Unglück. Dann wollte sie ihn heimholen, vor sich selbst beschützen. Aber das hatte gar keinen Sinn. Er hat doch gemacht, was er wollte. Ich glaube, dass sie die dunklen Stunden und die dunklen Gedanken ganz gut kannte, diese Maria. Darin war sie eine Frau wie ich auch. Und doch fand sie immer wieder Kraft und Mut. Nicht nur für sich, auch noch für diesen sonderbaren Sohn und später anscheinend sogar für viele andere, die ihren Beistand brauchten. Sie blieb bei ihrem Sohn, als er sterben musste. Sie weckte in denen die Hoffnung neu, die aufgeben wollten.

Wie sie das geschafft hat? Wie sie das konnte? Ganz am Anfang ihrer Geschichte heißt es in der Bibel: *„Maria aber bewahrte alle diese Worte und bewegte sie in ihrem Herzen."* (Lk 2,19) Vielleicht haben Sie den Satz aus der Weihnachtsgeschichte im Ohr. Maria hatte Erinnerungen, Erinnerungen an gute Worte, an die Hoffnungen vom Anfang. Erinnerungen auch daran, dass sie mit Gottes Hilfe immer einen Weg gefunden hatte. Das machte sie stark. Das half ihr gegen die Mutlosigkeit.

Die Erinnerung an gute Erfahrungen nährt die Hoffnung, so zum Beispiel an glückliche Tage, die mir sagen: Er ist doch ein wunderbarer Mensch. Oder an ein gutes Ende, die mir zeigen: Damals habe ich es doch auch geschafft, und es ist alles gut geworden. Man muss nur anfangen, dann finden sich auch Helfer, und dann findet sich Hilfe.

Es ist wahr, Erinnerung kann einen auch traurig machen – genau so, wie es war, wird es nie wieder sein. Aber dass es gut sein und wieder gut werden kann, das Leben, auch wenn es anders ist als damals – dass Gott mich nicht im Stich lässt, das zeigt die Erinnerung. Und das macht Hoffnung und macht stark. Ich glaube, wir sollten einander helfen, uns zu erinnern.

LP

Sei mal still!

Manchmal wird einem einfach alles zu viel. Kennen Sie das auch? Die Arbeit wächst einem über den Kopf. Wie soll ich das schaffen: bis übermorgen soll ich den Kollegen einen Entwurf vorlegen, der Haushalt macht sich trotzdem nicht von allein, der Sohn braucht Trost, er hat Angst vor der Klassenarbeit, meine Mutter will, dass ich ihr die Gardinen aufhänge, am Wochenende kommt Besuch ... Wie ein riesiger Berg türmt sich das vor mir auf und wird immer höher. Vor allem abends geht mir das manchmal so – dann bekomme ich Angst vor dem nächsten Tag, vor der kommenden Woche und werde unleidig, fange an, mich zu beklagen. Wieder einmal bin ich die Dumme. Alle halten sich raus, keiner kümmert sich. Ich bin einfach arm dran.

Ich kenne viele, vor allem Frauen, denen das manchmal so geht. Vielleicht gehören Sie auch dazu. Deshalb möchte ich Sie und mich heute Abend an die Geschichte von Martha und Maria erinnern. Die steht in der Bibel, vielleicht kennen Sie sie. Zu den Schwestern kommt Besuch ins Haus: Jesus mit seinen Begleitern.

Hoher, sicher auch lieber Besuch. Martha gerät in Hektik, fängt sofort an, rennt und schafft und sorgt und macht und tut. Hat wahrscheinlich einen ordentlichen Schreck bekommen: Wie soll sie das alles schaffen? Fängt an zu schimpfen und sich zu beklagen, sogar beim Besuch: „Kannst Du nicht meiner Schwester sagen, sie soll mir helfen?" Martha tut sich selbst leid.

Maria, die andere, setzt sich zuerst einmal zum Besuch. Hört zu, freut sich, dass Jesus da ist. Aber Martha ärgert sich, beklagt sich wie gesagt. Und ärgert sich wahrscheinlich noch mehr, als Jesus ihr sagt: „Du machst dir so viel Arbeit. Aber Maria macht es besser." Das hätte mich auch geärgert. Aber mit ein bisschen Abstand denke ich: Er hat doch recht. Nicht nur, wenn Besuch kommt, tut es gut, sich erst einmal hinzusetzen, nicht gleich und ganz allein und ganz hektisch loszulegen. Erst denken, dann handeln! Erst überlegen: Was ist überhaupt nötig? Was ist mir wichtig? Und was ist gar nicht so wichtig, aber irgendwer macht es dringend, obwohl man es eigentlich auch aufschieben könnte. Hinsetzen und überlegen: Wer kann helfen? Vielleicht helfen die anderen sogar gern, ich habe sie bloß noch nicht gefragt?

Vor allem abends, wenn die Angst vor dem nächsten Tag kommt und die Unruhe mich überfällt, setze ich mich einfach erst einmal hin. Ich rede, wenn jemand da ist, mit dem ich reden kann. Ich sage, was mich so unruhig macht. Manchmal klärt sich dann von ganz allein, was wichtig ist und was nicht. Und der riesige Berg ist eigentlich ein ganz überschaubarer Hügel. Den werde ich schon schaffen, Schritt für Schritt.

LP

Auf Tuchfühlung leben

Es gibt Frauen, die sich total verausgaben. Mann und Kinder, Haushalt und Freunde, Beruf und Kollegen: für alle sind sie da. Für alles wollen sie da sein. Aber irgendwann geht das über ihre Kraft. Dann sind sie am Ende, haben keine Freude mehr an ihrem Leben. Frauen sind enttäuscht von sich selbst, weil sie nicht schaffen konnten, was sie sich vorgenommen hatten, vorwurfsvoll gegen die, für die sie sich so verausgabt haben. Vielleicht kennen Sie auch die Konflikte, die so entstehen. Burnout-Syndrom nennt man das heute. Aber das gab es schon immer, bei Männern und bei Frauen, scheint mir. Ich denke zum Beispiel an jene Frau, von der es in der Bibel heißt, sie hätte seit zwölf Jahren an Blutfluss gelitten. Damals war für die Menschen das Blut der Sitz des Lebens. Die Frau war also eine, der das Leben davonlief: die Kraft, die Freude, die Energie, die Lust am Leben. Eine, die sich total mit ihrem Frausein verausgabt hatte, so sehe ich diese Frau.

Sie findet Hilfe bei Jesus, Hilfe durch Gott, könnte man wohl genauso sagen. Wie das war, wird ganz merkwürdig beschrieben: Sie ging auf Jesus zu und berührte seinen Mantel, heißt es. Und sofort besserte sich ihr Zustand. Ich kann mir nicht vorstellen, dass Jesu Mantel Zauberkräfte hatte. Was ich mir aber sehr gut vorstellen kann: Jener Frau hat das Leben auf Tuchfühlung gefehlt. Sie hatte keinen, dem sie sagen konnte, wie es ihr geht. Auf Tuchfühlung leben heißt: Menschen haben Zeit für die, die mit ihnen leben, sie lassen sich berühren von dem, was im anderen vorgeht. Sie halten sich nicht länger die anderen mit ihren Ansprüchen und Problemen vom Leib. Sie flüchten sich nicht ins Büro oder in den Verein, weil es da ruhiger ist und es weniger hautnahe Konflikte gibt. Jeder freie Abend für Sitzungen und Besprechungen und Aktionen – super, wie der sich einsetzt!! Aber kein Abend fürs Kino mit der eigenen Frau und wieder einmal nicht zu Hause, wenn die Oma zu Besuch kommt. Das gibt es – so hält man sich vom Leib, was einen selbst betreffen, was das eigene Leben infrage stellen, was anstrengen, Kraft kosten könnte.

Auf Tuchfühlung miteinander leben: Jesus hat damals gespürt, wie sehr die Frau die Nähe gebraucht hat, wie sie sein Interesse, sein Dabei-Sein wecken will. Da will er genau wissen, was mit ihr los ist. Er fragt nach ihr. Und auch wenn es ihr zuerst schwer fällt – endlich kann die Frau jemandem sagen, wie es ihr geht. Jemanden zu haben, der zuhört: für Menschen wie diese Frau damals ist das mehr Hilfe als der beste Arzt.

LP

Alltagskram

Dass das Leben verloren geht in dem Vielerlei des Alltags, kennen Sie das auch? Mütter und alle, die irgendwie immer im Dienst sind, spüren das besonders, glaube ich. Die Schriftstellerin Ursula Krechel hat das so beschrieben:

Nicht nur heut am Mittwoch
bei Regen und Schneeglöckchen
gehen sie am Vorgarten entlang
vermummt in Schals und Mützen
kommen mit ihren Taschen so gegen elf
eilig vom Kaufmann an der Ecke
bei dem nur ein Scherz für sie abfällt
schleppen Blumenkohl und Möhren
Roggenbrot und Kräuterquark
in ihren tiefen Taschen
laufen den Kindern über den Weg
die schleppen aus der Schule
Ranzen, Turnschuhe, kneifen sich
raufen, hüpfen noch ein bißchen
dann in der Küche, wenn
die Taschenfrauen ihre tiefen Taschen
auspacken, alles in den Kühlschrank
möchte ich dabei sein, möchte sie
küssen und umarmen, wenn sie einmal
auf dem Grund der tiefen Taschen
suchen nach ihrem eigenen Leben.[2]

[2] Ursula Krechel, Nach Mainz! 1977

Das ist schade, wenn Mütter das Gefühl bekommen, vor lauter Alltag geht mein Leben irgendwie verloren. Dazu ist das Leben zu kostbar. Manchmal denke ich, an solche Frauen hat Jesus gedacht, als er seine Geschichte vom verlorenen Groschen erzählt hat. Die geht so: *„Stellt euch vor, eine Frau hat zehn Silbermünzen und verliert eine davon. Zündet sie da nicht ein Licht an, fegt das ganze Haus und sucht in allen Ecken, bis sie die Münze gefunden hat? Und dann ruft sie ihre Freundinnen und Nachbarinnen zusammen und sagt zu ihnen: Freut euch mit mir, ich habe die verlorene Münze wiedergefunden!"* Seine Geschichten hat Jesus meistens erzählt als Vergleich für das Leben, wie es nach Gottes Willen sein sollte und einmal auch sein wird. Deshalb verstehe ich die Sache mit dem verlorenen Silberstück so: Gott selbst macht mir Mut, mitten in dem vielen Alltagskram – der auch wichtig ist, natürlich, wer sonst sollte denn für Kräuterquark sorgen, nach den Hausaufgaben sehen und sich anhören, was heute der Freundin Schreckliches passiert ist – nach meinem eigenen Leben zu suchen. Vielleicht merkt „frau" lange Zeit gar nicht, dass da etwas fehlt. Neun Silberstücke sind ja noch da! Aber wenn eine merkt, dass ihr etwas fehlt, dann soll sie so lange suchen, bis sie es findet. Vielleicht muss man manchmal auch erst herausfinden, was das eigentlich ist, was fehlt. Und manchmal muss man beim Suchen auch einigen Staub aufwirbeln. Das ist nicht immer angenehm. Jesus mit seiner Geschichte aber macht mir dazu Mut.

LP

Nach vorne schauen

Abends kommen die schlimmen Erinnerungen. Vor allem, wenn man schwere Zeiten hinter sich hat. Wenn etwas gescheitert ist oder gestorben, wenn ich allein zurückgeblieben bin, dann verfolgt mich die Vergangenheit wie ein Schatten. Es lässt einen nicht los: der Streit, die Verletzungen. Die Anstrengung, das durchzustehen, die immer wieder enttäuschte Hoffnung, es könnte doch noch gehen und besser werden. Das Gefühl, ganz hilflos zu sein und nichts tun zu können oder: Da lässt mich einer im Stich, auf den ich gebaut habe. Das Gefühl, eingesperrt zu sein in einer schlimmen Situation wie in ein Gefängnis: Das liegt über allem und lässt einen nicht los. Solche Erinnerungen machen einen bitter und mutlos.

In der Bibel wird von einer Frau erzählt, die auf das Unglück zurückschaut. Sie war schon entkommen, jetzt müsste sie nach vorn schauen, neue Möglichkeiten suchen. Aber sie kann nicht anders: Wie gebannt schaut sie zurück auf das Leben, das hinter ihr liegt und von dem nur noch rauchende Trümmer zu sehen sind. Die Frau erstarrt zur Salzsäule, erzählt die Bibel. Zurückschauen, Erinnerung kann zum Fluch werden. Da kann nichts Neues entstehen, weil einen das Vergangene nicht loslässt. Die Frau, von der die Bibel erzählt, war mit ihrer ganzen Familie unterwegs. Sie haben es besser geschafft. Ihr Mann, ihre Töchter konnten das Vergangene hinter sich lassen. Sie konnten nach vorne schauen und fanden neue Lebensmöglichkeiten.

Was hilft, wenn einen die Vergangenheit nicht loslässt? Vielleicht, wenn ich ja sagen kann zu dem, was war. Ja, das war ein Teil meines Lebens. Das gehört zu mir. Das hat mich geformt und geprägt und zu der gemacht, die ich jetzt bin. Und ich habe meinen Teil dazu beigetragen, dass es so geworden ist. Ich habe es nicht anders gekonnt und der andere auch nicht. Aber jetzt ist es vorbei. Ich habe mich verändert. Ich habe gelernt, vielleicht mühsam. Ich weiß jetzt, was nicht gut für mich war. Ich will es neu versuchen.

Ja sagen zu dem, was war. Ja sagen auch zu meinem eigenen Anteil daran, dass es schief gegangen ist. So wie Gott zu mir ja sagt, obwohl so vieles schief geht in meinem Leben. Gott sagt uneingeschränkt ja zu mir (2 Kor 1, 19), daran hat Jesus immer und immer wieder erinnert. Gott sagt ja zu mir, obwohl ich Fehler mache. Deshalb kann ich zu meinen Fehlern stehen, muss nicht alles den anderen zuschieben und nicht für alles andere Schuldige suchen. Vielleicht kann ich dann allmählich auch wieder das Gute sehen, das ich gehabt habe. Auch das Gute, dass mir der andere getan hat. Ja sagen können auch zu den schweren Zeiten – dann kann ich es vielleicht schließlich gut sein lassen. Und neu anfangen.

LP

Selbstmitleid

Es gibt Menschen, die tun sich leid. Frauen, wir Frauen neigen dazu vielleicht mehr als die Männer. Ich denke an die Frau, die als erstes Kind von vielen Geschwistern auf die Welt gekommen ist. „Immer musste ich zurückstehen", klagt sie. „Vernünftig sein, mich um die anderen kümmern. Bis heute geht das so. Eigentlich habe ich nichts vom Leben." Wie stark sie durch diese Rolle in ihrer Familie geworden ist, wie selbständig, wie viele sich gern auf sie verlassen – das sieht sie nicht.

Ich denke an die Frau, die als jüngere Schwester geboren wurde. „Immer war ich die Kleine", klagt sie. „Das kannst du nicht, lass mich das lieber machen", haben sie mir gesagt. „Also habe ich mich immer auf die anderen verlassen. Und jetzt traue ich mir nichts zu und habe Angst, dass ich nichts zustande bringe." Wie sehr sie geliebt wird für ihre sonnige, unbekümmerte Art – das will sie nicht sehen.

Ich denke an die Frau, die als mittlere Schwester geboren wurde. „Sie haben sich nur um den Großen gekümmert und um den Kleinen", klagt sie, „für mich hatten sie keine Zeit. Bis heute werde ich immer übersehen, ich kann machen, was ich will." Wie viel Freiheit für sie selbstverständlich ist, dass sie gewöhnt ist, zu machen, was sie will, und nicht lange zu fragen, was die anderen dazu sagen – das sieht sie nicht.

Es gibt natürlich Gründe, warum man sich leid tun kann. In jedem Leben, wenn wir uns vergleichen. Aber müssen wir uns vergleichen? Wer die eigenen Schwächen mit den Stärken der anderen vergleicht, der kann sich nur leid tun. Da sieht „frau" nicht, wo sie ihre Stärken hat. Weil „frau" schlicht in die falsche Richtung schaut.

Manche Menschen, Frauen zumal, schauen immer auf den einen Punkt – und sehen nicht, was rechts und links ist und oben und bis zum Horizont: ein weites Land, voller Möglichkeiten, Stärken, Fähigkeiten. In der Bibel wird von einer Frau erzählt, die auch nur immer auf einen Punkt schauen konnte. Immer vor sich hin, ganz in sich verkrümmt war sie, weil sie immer auf dieselbe Stelle starrte. Einen Geist hatte sie, heißt es, der sie so krank machte, dass sie immer nur in diese eine Richtung sehen konnte.

Jesus, so erzählt die Bibel, sprach sie auf diese Krankheit an. Machte sie aufmerksam darauf, machte ihr Mut, in eine andere Richtung zu schauen. Nicht mehr auf die immer gleiche Stelle. Da konnte sie sich aufrichten, den Himmel sehen. Und die vielen Möglichkeiten, die sie hatte. Ich denke mir, dass das zuerst wehtut. Dass es einem gar nicht leicht fällt, das andere zu sehen. Manche wird sich womöglich zuerst dagegen wehren, weil es so ungewohnt ist. Aber wenn „frau" es wagt, dann können wir aufhören, uns leid zu tun.

LP

Schön mit 50

Ganz viele Menschen um mich herum werden dieses Jahr plötzlich 50 Jahre alt. Mehr als früher, habe ich das Gefühl. Wahrscheinlich meine ich das bloß, weil ich auch bald zu diesem „Club" dazugehören werde. Sei's drum, älter werden ist jedenfalls ein Thema, dem man sich nicht entziehen kann. Sie auch nicht, egal ob Sie 40, 50, 60, oder 80 werden.

Wenn man es genau nimmt, ist der Geburtstag selbst eigentlich nichts Besonderes, sondern ein Tag von tausenden, die man lebt. Und es gibt andere Tage im Leben, an denen viel Gravierenderes passiert. Trotzdem: Ein Geburtstag zeigt wie unter einem Vergrößerungsglas, dass nichts bleibt, wie es war. Ich selbst auch nicht. Ich bin nicht mehr der 20-jährige Student mit langen Haaren aus den 70er-Jahren. Nicht mehr der frisch gebackene Familienvater und Jungpfarrer von 1985, der Mühe hat, von der Gemeinde ernst genommen zu werden. Und wenn Sie sich erinnern, wer und wie Sie 1965, 1985 oder auch vor zehn Jahren waren, dann spüren Sie, dass Sie sich gewandelt, Lebenserfahrungen gesammelt haben, manche auch haben sammeln müssen, körperlich vielleicht nicht mehr so fit sind. Und auch seelisch haben Sie Narben abbekommen. Wenn ich meine Fünfziger-Kolleginnen oder auch die Sechziger beobachte: In vielem sind sie abgeklärter und einsichtiger für das, was geht und was nicht. Aber eben auch für das, was geht. Für Möglichkeiten, die da sind. Die Zeit wird begrenzter, aber darum auch kostbarer.

Was ich noch sehe: Viele haben auch profitiert von den Jahren. Frauen vor allem. Sie empfinden das vielleicht anders, gerade was das Äußere angeht. Aber ich finde Frauen um die 50 oder 60 fast alle schöner als die 20-Jährigen. Lebens-schöner. Sicher sind die 20-Jährigen äußerlich glatter, makelloser. Aber irgendwie kommen sie mir dadurch auch verwechselbar vor. Ich finde Gesichter und Körper, die mehr Leben ausstrahlen, schöner und bemerkenswerter.

Älter werden bietet auch neue Möglichkeiten, sich selbst-klarer zu sehen. Ich glaube, ich kenne mich heute besser als früher, meine Grenzen und meine Kräfte. Ich weiß, dass ich sie nicht mehr verzetteln darf, sondern konzentrieren muss.

Wenn man so klüger wird, dann kann man auch mit kleineren Kräften fliegen, sagt ein Psalm aus der Bibel: *„Lobe den Herrn, meine Seele, und vergiss nicht, was er dir Gutes getan hat: der dir alle deine Sünde vergibt, der dich krönet mit Gnade und Barmherzigkeit, der deinen Mund fröhlich macht und du wieder jung wirst wie ein Adler."*

Ich wünsche Ihnen, dass Ihr Leben schön wird, tief und neu. Heute und jeden Tag, den Ihnen Gott noch gibt.

WS

Altersleichtsinn

Wenn man älter wird, kann man das Leben leichter nehmen. Dann kann man lächeln über das, was vor Jahren wie ein großer Berg vor einem lag. Jetzt bin ich ja schon oben, vielleicht schon über den Gipfel hinüber. Jetzt geht es leichter. Aber manche sagen ja auch: Es geht alles schwerer, je älter man wird. Und die Angst vor dem, was noch kommt, bedrückt einen.

Eine Frau, von der die Bibel erzählt, zeigt mir: Wenn man alt wird, kann man lachen. Und zwar gar nicht zynisch oder bitter, sondern voller Freude über das, was vielleicht noch möglich werden kann. Die Angst scheint nicht mehr so groß zu sein vor dem, was kommt. Deshalb kann sie lachen und getrost hoffen: Alles wird gut.

Ich denke an Sarah. Von der erzählt die Bibel, dass sie ihrem Mann Abraham gefolgt ist in ein ganz neues Leben. Noch im Alter haben sie neu angefangen und es weit gebracht. Nur der erhoffte Erbe hat sich nicht eingestellt. Sarah blieb kinderlos. Irgendwie, mit allerlei Auseinandersetzungen, haben sie sich auch damit arrangiert und eine Lösung gefunden. Dann waren sie alt geworden, alles war gut, scheint es. Und auf einmal wird ihnen doch noch ein Erbe, ein eigener Sohn sogar angekündigt (siehe 1 Mos 18). Irgendwelche Besucher sind es, die von dieser ganz neuen Möglichkeit reden. Aber sie reden so, dass Sarah das ganz ernst nimmt. Sie hat das Gefühl, da redet Gott selbst von noch einem neuen Anfang. Und Sarah? Lacht! Richtig vergnügt klingt, was sie sagt: *„Soll ich jetzt noch das Glück der Liebe haben? Wo ich so alt bin und mein Mann auch?"* Sarah lacht. Sie freut sich, dass da noch einmal etwas Neues kommt.

Sarah ist alt und kann lachen. Sie hat keine Angst mehr vor dem, was kommt. Es könnte ja auch anders sein. Bitter könnte ihr Lachen klingen: So lange habe ich gewartet und mich gegrämt, weil es nicht geklappt hat, wie ich mir das vorgestellt habe, jetzt mag ich nicht mehr. Jetzt mag ich nichts Neues mehr. Wer weiß, ob ich dem noch gewachsen bin? Ich will nichts mehr, was meine Ruhe durcheinander bringt. So könnte Sarah denken, ich kenne diese Bequemlichkeit auch bei mir. Aber Sarah reagiert anders. Sie freut sich darauf, dass sie noch einmal etwas Neues in die Welt setzen wird.

Anscheinend hat Sarah in ihrem langen Leben gelernt, das, was kommt, aus Gottes Hand anzunehmen. Immer wieder gab es Neues und neue Aufgaben. Und trotz mancher Schwierigkeiten ging es immer gut. Denn Gott war dabei und hat sie begleitet und ihr Halt gegeben. Weil sie das erlebt hat, deshalb kann Sarah auch jetzt von Herzen lachen. Denn das Leben wird leichter, wenn man so wie sie älter geworden ist.

LP

Elisabeth und Maria

Wenn man nicht mehr weiter weiß, braucht man jemanden, der einen versteht und unterstützt. Es hilft wenig, wenn der mir dann auf die Schulter schlägt und sagt: „Kopf hoch, du schaffst das schon!" Nötig ist vielmehr jemand, der begreift, wie es mir geht und der mir Mut macht.

Die Bibel erzählt von einer alten Frau, die das scheinbar besonders gut konnte. Die Frau hieß Elisabeth. Zu ihr kam eines Tages ein junges Mädchen, Maria aus Nazaret, die Maria, die später die Mutter von Jesus wurde. Maria hatte gerade bemerkt, dass sie schwanger war. Verlobt war sie zwar, aber das machte die Sache eher schlimmer: Ihr Verlobter war nicht der werdende Vater. Anscheinend hat Maria nicht recht gewusst, was nun werden soll. Es sieht ein bisschen so aus, als sei sie von zu Hause davon gelaufen. Ich möchte auch nicht wissen, wie ihre Eltern und ihr Verlobter reagiert haben.

Maria jedenfalls flüchtet sich vor dem allen und vor dem Gerede der Leute zu Elisabeth, ihrer viel älteren Cousine. Dem Alter nach könnte sie auch Marias Großmutter gewesen sein. Zu der traut sie sich hin. Von der weiß Maria: Die hat schon viel erlebt, die weiß, worauf es ankommt und was nicht so wichtig ist. Die wird mich vielleicht verstehen (siehe Lukas 1, 39-45).

Und Elisabeth denkt nicht an sich selbst. Nicht an die Pläne, die mit Marias Schwangerschaft sinnlos werden. Nicht an das, was die Leute sagen werden. Elisabeth sieht nur die junge Frau und was mit ihr los ist. Sie schaut genau hin, sie nimmt ernst, was Maria ihr erzählt. Elisabeth kann die Situation anders sehen, als die anderen Leute: Sie begreift, hier geht es um viel mehr als um eine Schwangerschaft zur falschen Zeit. Hier hat eine junge Frau eine ganz besondere Möglichkeit bekommen, sie wird ein Kind gebären, mit dem bekommt die Welt eine neue Chance.

Für diese neue Sichtweise öffnet sie Maria die Augen. Sie redet nicht von den Schwierigkeiten, sie macht ihr keine Vorwürfe. Sie redet von den Möglichkeiten, die sich auftun. Sie redet von der Freude über das Kind, das Maria erwartet. Sie redet von dem, was Gott möglich machen kann. Da kann Maria aufatmen und auch sie sich freuen. Jetzt kann sie mit Zuversicht auf ihr Kind warten.

In der Bibel steht, Elisabeth war mit Gottes Geist erfüllt, dass sie so reden und helfen konnte. Diesen großherzigen Geist Gottes können ältere Leute weitergeben, wenn sie nicht an ihre eigenen Pläne denken müssen. Diesen Geist Gottes, der Mut macht, den wünsche ich Großeltern und Enkeln.

LP

Too old to rock and roll

Für manches ist man irgendwann zu alt. „Too old to rock and roll, to young to die", hat die Gruppe Jethro Tull vor über 20 Jahren gesungen. „Zu alt für Rock and Roll, zu jung zum Sterben." Ich bin auch zu alt für Rock and Roll. Mir ist das zu laut und zu anstrengend. Andere mögen das noch in meinem Alter und haben Spaß daran. Toll! Die fühlen sich vielleicht für irgendetwas anderes zu alt. Trauen sich die neue Computersoftware im Büro nicht mehr zu oder meinen, sie müssten sich mit ihrer in die Jahre gekommenen Ehe abfinden, wie sie ist. Weil sie in ihrem Alter nichts anderes mehr erwarten können. Aber bei dem Versuch, das alte festzuhalten, verpasst man leicht, was jetzt endlich möglich und dran ist, überraschend und beglückend. Das Leben geht weiter, wenn man stehen bleibt, geht es an einem vorbei.

Eine Frau, von der die Bibel erzählt, erinnert mich immer wieder daran. Noemi hieß sie und war sicher nicht mehr jung. Zu alt, um noch etwas vom Leben erwarten zu können – fanden jedenfalls die Leute damals. Nach schweren Schicksalsschlägen tat sie ihnen leid. Die Arme, nun ist ihr Leben irgendwie vorbei. Was kann sie schon noch erwarten? so wird man über sie gedacht haben. Aber Noemi selbst hat nicht so über sich gedacht. Sie fühlte sich zu jung, um sich abzufinden und abzuwarten. Sie wollte nicht in den Trümmern ihres Lebens hocken bleiben, weil sie angeblich zu alt war für etwas Neues. Noemi hat sich nicht bloß leid getan. Denn sie fühlte sich nicht zu alt, um noch mal einen neuen Anfang zu wagen. Noemi wanderte aus, erzählt die Bibel. Ohne Garantie, dass sie wirklich finden würde, was sie suchte. Leicht ist ihr das sicher nicht gefallen, und es war auch nicht einfach. Aber Noemi fand, was sie suchte: Eine neue Chance, eine Aufgabe, Menschen, für die sie da sein und mit denen sie leben konnte, Glück. Gott selbst, heißt es in der Bibel ausdrücklich am Schluss dieser Geschichte, hat ihr auf diesem Weg beigestanden.

Wenn Sie genauer wissen möchten, wie das damals war und heute noch sein kann, können Sie in der Bibel Noemis Geschichte nachlesen. (Das Buch Rut, Kapitel 1-4) Oder Sie schauen sich den Film „Elsa und Fred" an. Da können Sie sehen, wie eine alte Frau, schon ein bisschen schrullig und klapprig, noch einmal zu leben anfängt. Wie sie, selbstbewusst und resolut, sogar noch einmal eine Liebe findet. Und ein großes, spätes Glück. Mir machen solche Geschichten Mut. Denn sie zeigen mir: Für manches ist man irgendwann zu alt. Und genau dann ist man alt genug, um neu anzufangen.

LP

MÄNNER!

Richtige Männer!

„Wann ist ein Mann ein Mann?" Ist der Mann in der folgenden Erzählung in ihren Augen ein „richtiger" Mann?

Eine Männergruppe ist den ganzen Tag gewandert, es ist reichlich heiß gewesen, die Wege ausgetrocknet und staubig. Die Schuhe haben nach und nach den Staub durchgelassen, dementsprechend sehen die Füße aus. Sie sind müde, brennen vom langen Marsch und der Hitze und riechen – naja. Die ganze Gruppe ist ziemlich kaputt und froh: jetzt heißt es endlich ausruhen. Und dann die Überraschung: Der Chef persönlich lässt sich etwas Besonderes einfallen. Er holt ein Schale mit warmen Wasser, ein weiches Tuch, und dann geht er von Mann zu Mann, kniet sich hin, zieht ihnen die Schuhe und Strümpfe aus und wäscht ihnen eigenhändig die Füße. Und massiert sie dabei auch noch sanft und wohltuend. Der eine lässt es sich still und genussvoll gefallen, einem anderen ist es zwar ein bisschen peinlich, aber es tut einfach gut. Nur einer kann es sich nicht gefallen lassen, dass der Chef sich so erniedrigt. „Das ist unmännlich und untergräbt deine Autorität als Führer", protestiert er. Aber das lässt der Chef nicht gelten. „Wenn du dir als Mann so einen Liebesdienst von mir nicht gefallen lassen kannst, dann ist es dein Problem. Wenn ich dich nicht wasche, dann gehörst du nicht zu mir, mein lieber Petrus."

Ist Jesus, von dem die Bibel diese Geschichte erzählt, für Sie ein richtiger Mann? Oder nur ein halber, die Ausnahme von der Regel? Manche nennen diese einfühlende, pflegerische Seite den weiblichen Anteil an einem Mann. Ist so einer ein richtiger Mann? Oder müsste nicht sogar jeder Mann diese Fähigkeiten in sich stark machen, damit er ein ganzer Mann ist? Ich finde diesen Jesus männlich und modern dazu.

Aber man trifft solche Männer immer noch ziemlich selten, bis heute. In Kindergärten zum Beispiel gibt es kaum Männer, die unseren kleinen Kindern zeigen, dass sie nicht nur Frauen, sondern auch Männern wichtig sind. Oder in Grundschulen und Altersheimen. Dass in diesen Arbeitsfeldern fast ausschließlich Frauen tätig sind, beweist auch, wie gering ihr Stellenwert in unserer Gesellschaft immer noch ist. Männer, die sich als Chefs und zu Höherem berufen halten, trifft man dort keine. Warum eigentlich nicht? Anderen zu helfen, Menschen zu pflegen, ist das unmännlich? Ist Dienst an Menschen weniger Wert schöpfend als Autos zu produzieren?

WS

Richtige Männer II

Männer haben mehr Freude am Leben. Richtige Männer jedenfalls. Männliche Männer. Habe ich in der Zeitung gelesen. *„Männer sehen in fast jedem Ernst noch das Spiel, in jedem Spiel auch den Ernst. Sie sind in diesem Sinne sportlicher als Frauen. Dadurch haben sie mehr Freude (...) und sie ersparen sich allzu tiefe Verletzungen."* (Bernd Ulrich, in: DIE ZEIT, Nr 26, 2006, S 9)

Von richtigen Männern also kann man anscheinend die Freude am Leben lernen. Erst hat mich das geärgert. Wieder mal typisch, habe ich gedacht. Für die Männer ist alles bloß ein Spiel. Sie sind und bleiben irgendwie große Jungs. Aber inzwischen denke ich: Genau so ist es richtig – genau so müsste es gehen. Denn ich erinnere mich an Jesus – auch ein Mann übrigens –, der gesagt hat: *„Kommt her zu mir alle, die ihr mühselig und beladen seid, ich will euch erquicken."* Mühselig und beladen vom Ernst des Lebens, so fühle ich mich auch manchmal. Richtig bedrückt. Und keiner in Sicht, der sie mir abnimmt, die Last. Aber genau das wäre nötig: einer, der es mir für eine Weile abnimmt. Der es mich vergessen lässt. So, dass ich aufatmen kann und ausspannen und mich erholen. Das wäre Erquickung. Das ist ein bisschen altmodisch, aber ich finde, es klingt nach: an einem drückend heißen Tag ein Bad in einem kühlen Baggersee. Oder ein großes Glas Apfelschorle oder Weizen im Biergarten unter den Kastanienbäumen. Heiß bleibt es trotzdem, aber für eine Weile ist es gut und angenehm, und nachher kann man mit der Hitze besser fertig werden. Mittendrin Pause haben, sich aufrichten können. Aufatmen. Das ist Erquickung, und das braucht man, um den Alltag ertragen zu können.

„Ich will euch erquicken", hat Jesus gesagt, „kommt her zu mir". Wie kommt man zu Jesus? Ich finde, manchmal reicht schon, dass man sich so eine Pause gönnt. Baggersee oder Biergarten oder Balkon, obwohl der Alltag so mühselig ist. Genauer: gerade deshalb. Am Sonntag beispielsweise ist für all das Gelegenheit. Manchmal braucht man aber mehr, damit man wirklich Pause machen kann. Ich zum Beispiel brauche am Sonntagmorgen die guten Worte und die Musik eines Gottesdienstes und die Aufforderung: „Wir wollen beten!" Manchmal brauche ich auch einen, der mich anhält, mich anlacht, mir sagt: jetzt mal langsam. Das läuft dir nicht davon. Jetzt erzählt mir erst mal, wie es dir geht und was du vorhast. Jemand, der mir dann die Welt wieder schön redet, weil er mir auch die anderen Seiten zeigen kann. Die, die ich gar nicht mehr sehe, weil ich nur noch meinen mühseligen Alltag im Kopf habe.

Eigentlich müssten Männer das besser können als Frauen – wenn die Zeitung recht hat. Ich wünsche Ihnen, dass sie heute jemanden treffen, der das kann: einen richtig männlichen Mann.

LP

Männer glauben anders

Frauen glauben früher. Frauen sind an Ostern eher am Grab, sie erfahren als Erste, dass Jesus lebendig ist. Die Männer kommen später, sind zuerst skeptisch. Erstaunlich, dass das so in der Bibel steht und dass es für die Bibel anscheinend kein Problem ist, im Gegenteil: Sie erzählt von Frauen und Männern, die jeweils auf ihre Weise an Ostern glauben lernen.

Zwei Männer faszinieren mich besonders. Man kennt sie nur als die beiden Jünger aus Emmaus. Von dort stammen sie: vom Dorf. Bodenständig. Trotzdem waren sie Jesus gefolgt, aus dem Dorf weg. Er hatte ihnen eine Zukunftsperspektive gegeben. Für kleine Bauern wie sie waren die Chancen dort immer schlechter geworden. Die Großgrundbesitzer hatten die Kleinbauern entweder ganz enteignet oder sie mussten immer mehr von ihren Erträgen abführen. Jedes Jahr neu die Angst, wirtschaftlich abzurutschen. Drei Jahre lang waren sie bei Jesus gewesen. Bei ihm hatten sie hoffen gelernt. Jetzt war er tot. Alle Hoffnung auf ein neues Leben hing mit ihm am Kreuz. Und so lassen die zwei Jerusalem hinter sich. Mit schwerem Herzens gehen sie zurück ins alte Dorf. Stumm nebeneinander her.

Als sie so ganz unten sind, da fängt der Glaube wieder an. Als kleines Pflänzchen, so klein, dass sie es erst gar nicht merken. Auf einmal ist ein dritter bei ihnen. Fragt sie, warum sie so todtraurig sind. Zum Glück vertrauen sie sich ihm an, reden sich ihr Elend von der Seele. Sie hätten auch stumm bleiben können. Männer kapseln sich leicht ein in sich und ihren Kummer. Ich glaube, da liegt der Keim des Glaubens, dass sie sich ihm anvertrauen und ihm sagen, was sie niederdrückt. Sie meinen nicht: Sich öffnen hat keinen Sinn, jeder muss mit seinem Leben selbst fertig werden. Sich anvertrauen tut gut.

Dann laden sie den Unbekannten zum Essen ein, und als er ihnen das Brot bricht, da gehen ihnen die Augen auf und das Herz. „So hat Jesus es auch immer gemacht!" Er lebt ja! Es ist nicht alles aus und vorbei. Wir haben keinen Grund, die Hoffnung zu begraben. Gott ist nicht tot!

Die Männer finden den Glauben wieder mitten im Leben: Sie schlucken ihren Schmerz nicht herunter, sondern sie vertrauen sich Jesus an. Sie essen, nicht für sich allein, sondern miteinander, und er ist dabei. Wenn man so miteinander isst, schöpft man neue Lebenskraft. Sie merken: Gott ist da, auch wenn einem das Leben Druck macht, und das setzt neue Hoffnung frei und macht lebendig.
WS

Arbeiten und beten

Wer viel arbeitet, sollte noch mehr beten. Wer sich nach Kräften für Menschen oder eine Sache engagiert, der braucht umso dringender den Rückzug. Vermutlich würden die meisten von Ihnen diese Weisheit unterschreiben. Und trotzdem fällt es uns schwer, diese Weisheit im Alltag zu leben: Je mehr man arbeitet, desto nötiger sind Rückzugsphasen. Je engagierter man für etwas kämpft, desto wichtiger ist das Beten.

Wie wichtig das ist, schildert die Bibel in einer dramatischen Episode: Jesus muss geschockt gewesen sein. Mitten hinein in die erfolgreichen Anfänge seines öffentlichen Auftretens – immer mehr Menschen strömen zu ihm – platzt die Nachricht: König Herodes hat Johannes den Täufer hinrichten lassen, den Mann, der ihn getauft hat. –

‚Bin jetzt ich dran? Soll ich nicht besser aufgeben? Wird meine Mission zu gefährlich?' Ich denke, so hat sich Jesus gefragt. Er kann nicht einfach nur weitermachen. Er verlässt die Zivilisation, zieht sich zurück in die Einsamkeit. Rückzug, um Klarheit zu gewinnen. Mit Gott reden, nachdenken und den Weg neu bestimmen. Beim Beten in der Einsamkeit hat Jesus erfahren, dass er nicht aus eigener Kraft kämpft und nicht auf sich allein gestellt ist. Und als nach einiger Zeit die Menschen ihn in dieser Wüste aufspüren, da ist er bereit, sich ihnen wieder ganz zuzuwenden. Mit neuer Kraft und Gewissheit.

Vielleicht ist das das Wichtigste in solch fordernden Situationen, dass man sich dem Strudel entzieht. Wenn man in der Arbeit aufgeht oder sich voll für etwas einsetzt, kann es so wirken, dass man glaubt: Ich muss das allein hinbekommen. An mir allein liegt es. Ich habe die Verantwortung für diesen Menschen. Wenn ich nicht kämpfe für den Frieden, für die Umwelt, für die Partei, für die Firma, dann geht's dahin. In solchen Gedanken verfängt man sich als Einzelner – unweigerlich. Sie ziehen einen hinab wie ein Strudel, und man übernimmt sich.

Da braucht es Abstand, Rückzug und neues Denken. Und das Gespräch mit Gott, damit der Strudel aufhört. Man kann entkrampfen und spüren, dass Gott auch noch da ist, mitträgt, in einem ist. Und: Gott ist uns immer schon voraus im Einsatz für die Menschen und das Gute. Es ist eine große Erleichterung, wenn man das wieder sehen und spüren kann. Das gibt Kraft, das Seine entspannter zu tun und leichter, nicht zu schwer zu tragen. Wer viel arbeitet, sollte noch mehr beten.

WS

Brüder

Wenn Sie Geschwister haben, dann werden Sie die beiden verstehen. Mose und Aaron, die zwei Brüder im Alten Testament. Sie erleben, was in den 3.000 Jahren nach ihnen zahllose Geschwister immer wieder erlebt haben: wie schwierig es sein kann, Bruder oder Schwester zu sein, und auch wie schön.

Mose und Aaron erleben das erst als schon erwachsene Männer. Als Kinder waren sie getrennt worden. Der eine wuchs als Prinz am ägyptischen Hof auf, der andere als hebräischer Sklave. Ihre Lebenswege verlaufen sehr verschieden, bis Gott sie wieder vereint. Miteinander machen sich die Brüder an die große Aufgabe, ihr Volk aus der Sklaverei zu führen. Sie erfahren das große Glück, dass sie sich als Brüder gegenseitig ergänzen. Sie können sich voll und ganz aufeinander verlassen, sind zwei und doch wie einer. Ich glaube, irgendwann haben das alle Geschwister erlebt: Wir gehören zusammen, sind eins, tragen einen Namen, sind aus einem „Stall". Dass man einträchtig war, zusammengehört hat gegenüber anderen, und wenn es nur als Kinder im Spiel war. Ich weiß, man kann dieses geschwisterliche Verbundensein vergessen, verlieren, sogar verraten. Aber es bleibt in uns, und sei es als eine Sehnsucht: Geschwister gehören zusammen.

Aber das Zweite gehört eben auch zum Geschwistersein: Jeder und jede will etwas für sich sein. Deshalb müssen sie sich gegeneinander abgrenzen. Jeder entwickelt seine eigenen Fähigkeiten. Es entsteht Konkurrenz, und die Verbundenheit bekommt Risse. Auf einmal werden die Unterschiede deutlich, und diese wiegen dann schwerer als alle Verbundenheit. Sie scheint sogar völlig verschwunden zu sein. Neid kommt auf. Aaron, der Ältere, spürt, dass er im Schatten seines jüngeren Bruders steht. Als der Bruder einmal nicht da ist, sieht Aaron seine Chance gekommen und übernimmt sich dabei. Er missbraucht das brüderliche Vertrauen und bringt das gesamte Volk in Gefahr. Und Mose? Er ist bitter enttäuscht und voller Wut. „Wie konnte mein Bruder nur?" –

Ich glaube, diese Erfahrung kennen Sie auch als Bruder oder Schwester. Sie ist umso verstörender, je näher wir einander sind. Wie kann er nur? Ich erkenne sie überhaupt nicht wieder. Wir Geschwister müssen akzeptieren, dass wir verschieden sind und dass wir zusammengehören. Mose und Aaron haben es geschafft, den tiefen Riss zwischen sich zu kitten. Sie haben verstanden, dass sie einander als Brüder brauchen, dass sie miteinander besser sind als jeder allein. Es ist gut, wenn Geschwister für einander einstehen, trotz ihrer Unterschiede.

WS

Freunde

Ich habe es schon lange gewusst, eigentlich von Kind an. Aber manches muss man so neu erfahren, als wäre es das erste Mal, damit man es wieder wirklich weiß, von Herzen weiß. Wahrscheinlich gilt diese Weisheit für vieles. Ich habe sie wieder entdeckt am Thema Freundschaft. Freundschaft ist etwas sehr kostbares. Wie gesagt: Ich wusste es schon von Kind an. „Du bist nicht mehr mein Freund!" – dieser Satz hat immer wehgetan, auch wenn bei uns Kindern die Kündigung nach wenigen Minuten wieder vergessen war. Verlorene oder aufgekündigte Freundschaft unter Erwachsenen – wie schwer fällt es, sie wiederzufinden oder neues Vertrauen zu pflanzen. Dabei ist Freundschaft so kostbar. Ich hatte das Glück, es wieder neu zu erfahren: Jahrelang war er ein guter Kollege. Wir haben konstruktiv zusammengearbeitet, uns verstanden, in wesentlichen Punkten ähnlich gedacht. Auf sein kritisches Urteil konnte man sich verlassen. Aber das war Beruf und Kollegialität. Der Mensch dahinter blieb versteckt. Und auf einmal, in einer beruflichen Krise, höre ich mich am Telefon von Dingen reden, die ich ihm vorher nie erzählt hätte. Dabei hatte er auch nur, wie so oft schon, „Wie geht's?" gefragt. Aber vielleicht ja diesmal mit einem anderen Ton, über die Floskel hinaus. Oder ich habe dem angebotenen Ohr einfach mehr zugemutet als vorher, weil ich es brauchte. Vertrauen riskiert. Und er hat das Ohr geöffnet und zugehört. So zugehört, dass es mir gut getan hat. Und die dicke Haut, mit der wir uns im Alltag umgeben und uns funktionsfähig halten, mit der wir unsere Beziehungen sachgerecht gestalten, sie wurde durchlässig.

Das kann das Wesen von Freundschaft sein. Dass man sein Inneres, sein Verborgenes aufdecken kann, ohne Angst, bloßgestellt zu sein und es vor anderen zu werden. Dass man den Selbstschutz beiseite legen kann, weil einen auf einmal die Freundschaft, genauer der Freund beschützt. Und in ihren besten Momenten hält Freundschaft Wahrheiten aus, die wir sonst kaum ertragen würden. Freundschaft ist kostbar. Deshalb trifft uns enttäuschte Freundschaft auch so tief.

Freund, Freundin – ich kenne einige Menschen, die nennen sogar Gott so. Sie können ihm sagen, was sie auf dem Herzen haben. Sie lassen sich sagen, was er ihnen sagt, manchmal durch den Mund eines anderen. Gott, mein Freund, meine Freundin – ich finde das durchaus passend.

Tiefe Freundschaft ist in der Tat ein Geschenk des Himmels. Man kann es nicht sorgsam genug hüten.

WS

Kein Feigling

Ich glaube, am meisten interessieren wir Menschen uns für andere Leute, zum Beispiel für ihre Stärken und Schwächen. Ob einer daran zerbricht oder ob sie wieder aufsteht. In der Bibel gibt es einen Mann, der mich fasziniert. Vielleicht deswegen, weil er mich an meine Angst vor Autoritäten erinnert, und daran, wie verführbar man wird, wenn man feige ist.

Jeremia hat keine Angst vor Autoritäten. Zumindest lässt er sie sich nicht anmerken. Er führt einen langen, einsamen und gefährlichen Kampf gegen seinen König, einen orientalischen Diktator ersten Ranges. Mehrere Male gerät Jeremia in Lebensgefahr, weil er seinen Mund nicht halten kann, nicht darf. Gott will, dass ich meinen Mund aufmache, davon ist Jeremia überzeugt, nur die anderen nicht. Und entsprechend springen sie mit ihm um, verbieten ihm, den Tempel zu betreten, die Politik des Königs zu kritisieren. „Wir werden ihm schon sein Mundwerk stopfen." Jeremia schweigt zwar, aber dafür schreibt er alles auf, was er sagen muss, auf eine lange Papierrolle. Ein guter Freund liest sie an seiner Stelle vor, mitten auf dem Tempelplatz in Jerusalem. Natürlich kommt, was kommen muss: Ein Spitzel des Königs hört zu und denunziert beide.

Der König lässt sich die Papierrolle bringen, vorlesen, und dann legt er selbst Hand an. Nach je drei bis vier Spalten nimmt er ein Messer, schneidet das gelesene Stück Papier ab und wirft es genüsslich ins Feuer. Als man Jeremia davon berichtet, versteht er die Drohung genau: Zuerst brennt mein Buch, und wenn ich keine Ruhe gebe, ich selbst. Also aufgeben, klein bei geben, der Drohung weichen? Nein! Jeremia schweigt nicht. Er darf nicht. Er muss die Wahrheit über diesen König offen sagen. In Gottes Namen. Er hat noch alle Worte im Kopf und schreibt sie noch einmal auf.

Und ich? Und Sie? Weichen Sie zurück, wenn die höheren Tiere ihre Krallen zeigen? Vorgesetzte? Oder wenn Sie auf einmal allein dastehen mit Ihrer Meinung gegen alle, gegen die Mehrheitsmeinung? Rutscht Ihnen das Herz in die Hose, werden Sie stumm und schlagen Sie sich auf die Seite des Stärkeren, damit Sie Ihre Ruhe haben? Ihren Frieden?

Was hilft gegen Feigheit und Angst? Freunde helfen, ein paar reichen schon, die zu einem stehen; klug sein hilft, nicht mit dem Kopf durch die Wand zu wollen. Und Geschichten wie die von Jeremia.

WS

Versager

„Ich arbeite und arbeite und fühl mich trotzdem als Versager. Das Geld, das ich heimbringe, reicht nicht mehr für die Familie. Für das Nötigste, schon. Aber Urlaub oder Schullandheim für die Kinder, dafür langt es nicht mehr." Und dabei arbeitet der Familienvater, der das in einem Fernsehbericht sagt, in einem Beruf, für den er drei Jahre gelernt hat. Er ist nicht arbeitslos und jobbt auch nicht nur.

Bin ich ein Versager? Wie viele fragen sich das wohl, weil es ihnen ähnlich geht wie diesem Familienvater. Und ich frage mich: Ist das ein gerechter Lohn für Arbeit, wenn sich jemand vor sich selbst und seiner Familie dafür als Versager fühlt? Wann ist ein Lohn gerecht? Diese Fragen sind sehr alt. Schon die Menschen in der Bibel haben sich damit herumgequält. Die richtigen Antworten, ein für allemal, gibt es wohl auch nicht. Man muss sie immer wieder neu finden, aushandeln, erstreiten.

In der Bibel erzählt Jesus eine Geschichte, die zeigt mir die Richtung, was ein gerechter Lohn ist und wer eigentlich versagt, wenn das Geld aus der Arbeit nicht mehr reicht zum Leben. Jesus erzählt in dieser Geschichte von Menschen, die Arbeit suchen. Ein Weinbergbesitzer stellt sie als Tagelöhner ein. Die Arbeit reicht nicht für alle für den ganzen Tag. Einige kann er nur einen halben Tag beschäftigen, andere nur stundenweise. Trotzdem bekommen alle am Abend den vollen Tageslohn ausgezahlt. Die, die länger gearbeitet haben, meckern. „Das ist kein gerechter Lohn, wenn alle das Gleiche bekommen für unterschiedlich lange Arbeit", sagen sie. „Das mag ja sein", sagt der Weingärtner, „aber ist es nicht eine viel größere Ungerechtigkeit, wenn ich euren Kollegen so wenig zahle, dass es für die Familien nicht reicht und sie sich als Versager fühlen müssen?"

Für mich stecken in dieser Geschichte drei Gedanken:

1. Wer arbeitet, soll sich nicht als Versager fühlen.

2. Ein gerechter Lohn muss gewährleisten, dass Menschen davon leben und ihre Lieben versorgen können.

3. Funktioniert hat das Ganze, weil der Arbeitgeber an das Wohl seiner Mitarbeiter und deren Familien gedacht hat und nicht an mehr Rendite für sich. Dieser Arbeitgeber hat nicht versagt.

Und wo liegt das Versagen heute, wenn Menschen trotz Arbeit ihre Familie nicht ernähren können? Gerecht finden kann ich so ein System nach biblischen Maßstäben jedenfalls nicht.

WS

Traumleben?

Was macht Sie neugierig? Sind es nicht die Geschichten von Krankheiten und Lieben, Verfehlungen, Schicksalsschlägen und Lebensträumen? Die Bibel erzählt von einem, dem sein größter Lebenstraum zerplatzt wie eine Seifenblase. Und damit muss Mose fertig werden. Sein ganzes Leben hat er davon geträumt, ein neues Land zu erreichen mit seinen Leuten, eine gute Zukunft. Dafür hat er gelebt. Er war eigentlich nie in der Gegenwart, sondern immer unterwegs für diese Zukunft. Immer für dieses Ziel. Einmal werden wir dorthin gelangen. Mit einer unglaublichen Energie hat er sich an diesem Ziel orientiert, über Jahre und Jahrzehnte hinweg. Wie oft gab es da Stillstand, manchmal sogar Rückschritt. Er hat immer an das Ziel geglaubt. Als die anderen die Brocken längst hinschmeißen wollten, hat er sie wieder motiviert, hat ihnen Mut gemacht; wenn es sein musste, hat er ihnen auch die Leviten gelesen. Ein Mann mit unheimlich langem Atem. Und jetzt steht er oben auf dem Berg. Vom Gipfel kann er es sehen, das ersehnte Land, dem er immer auf der Spur war. Nun muss er die bittere Pille schlucken: „Nein, du nicht. Du wirst deinen Fuß nicht mehr lebend hineinsetzen." Bitter. „Erst deine Nachfolger werden die Früchte ernten. Die Generation nach dir." Muss man bitter werden, wenn einem der Lebenstraum so vorenthalten wird?

Ja, so eine Enttäuschung kann verbittern. Warum enthält mir das Leben diese letzte Erfüllung vor? Warum, Gott, lässt du mich ein Leben lang träumen, wenn du mir dann das Leben kurz vor dem Ziel abbrichst?

Aber ich glaube nicht, dass man bitter werden muss, vielleicht kann man damit sogar glücklich werden. Ich glaube, Mose war glücklich. Es ist ein Glück, wenn man so einen Lebenstraum hat, der einen immer wieder weiterführt. Wenn man seine Kraft in ein Projekt steckt oder gesteckt hat, das über das eigene Leben hinausweist, das Zukunft hat. Sinn ergibt für die, die nach mir leben werden und wollen. Es ist ein Glück, wenn man mitarbeitet an der Zukunft, die Gott für die Welt vorhat. Und noch etwas kann einen glücklich machen: wenn man nicht nur nach dem unerfüllten Traum sieht, sondern auch zurückschaut und die kleinen Stationen im Leben achtet, die man auf dem Weg durch das Leben erreicht hat. Die vielleicht nicht spektakulär waren, aber trotzdem wertvoll, für Menschen und vor Gott.

WS

Fritz Rau

„Ich bin entnazifiziert worden durch Musik", hat Fritz Rau gesagt, der wichtigste Veranstalter von Rock-, Blues- und Jazzkonzerten der letzten 50 Jahre. „Entnazifiziert durch Musik." Er hat das so erklärt: *„Marschmusik macht die Protzigen noch protziger und die Schwachen noch schwächer. Blues und Jazz ermutigen die Schwachen. Ich bin entnazifiziert worden durch Blues und Jazz."*
Dieses Wort macht mir Mut. Es ist für mich ein Zeichen für den langen Atem jüdisch-biblischen Geistes. Wie das? Was hat Fritz Raus Entnazifizierung durch Blues und Jazz mit der Bibel zu tun? Was hat es mit der Bibel zu tun, dass ein junger Mann, der unter den Nazis groß geworden ist, geprägt von ihrer Musik der Stärke für die Starken, dass der sich in den 1950er-Jahren vom Marsch zum Jazz und Blues bekehrt? *„Jazz und Blues ermutigen die Schwachen."* Wieso können sie das? Ich glaube, es hat mit ihren Wurzeln zu tun.
Jazz und Blues sind Kinder des Gospel und der Spirituals, der geistlichen Musik der schwarzen Bevölkerung Amerikas. In den Spirituals haben die früheren Sklaven ihren Glauben und ihre Hoffnung auf Freiheit ausgedrückt. „Let my people go, lass mein Volk frei" – im Gospel und in den Spirituals spürt man die Schmerzen, die ihnen die weißen Herrenmenschen zugefügt haben, und den Mut, den der Glaube gibt. In dieser Musik lebt die Hoffnung auf Gott, bis heute, dass er die Kraft der Schwachen ist und aus Unterdrückung befreit. Und diese Kraft ist auch im Jazz und im Blues noch da.
Ihre tiefe Kraft und Hoffnung schöpfen die Spirituals aber aus Erfahrungen, die weiter zurückreichen. „Go down Moses, tell old Pharao, let my people go", heißt es ja. „Mose, geh zum Pharao, sag ihm, er soll mein Volk freigeben." So wie Gott sein geknechtetes jüdisches Volk befreit hat, so kann er auch uns von Unterdrückung befreien. Gott ist auf der Seite der Schwachen. Er befreit, immer wieder. Das ist die biblische Erfahrung, die in den Spirituals lebt und die Schwachen ermutigt, der Geist, den Fritz Rau auch im Jazz und Blues noch spürt. Insofern schließt sich bei ihm auf wunderbare Weise ein Kreis.

Seine Befreiung vom Geist der Stärke der Starken verdankt Fritz Rau indirekt also dem jüdischen Volk, das doch eigentlich davon vernichtet werden sollte. Wenn das keine Ermutigung der Schwachen ist! Und eine Aufforderung, jedwedem Antisemitismus im Namen des biblischen Gottes zu widerstehen.

WS

Erinnere dich!

Hätten Sie diesen Sieger erwartet? An einem Gründonnerstag gab es ein Bibelquiz bei Thomas Gottschalk. Immerhin hatte er Kandidaten, denen ich mehr Bibelfestigkeit zugetraut hätte. Peter Hahne zum Beispiel, Mitglied im Rat der Evangelischen Kirche in Deutschland. Oder Gloria von Thurn und Taxis, aus gut katholischem Haus in Bayern. Sie haben sich gut ausgekannt in der Bibel, aber nicht am besten. Markus Lanz war es, der schöne Moderator einer Lifestyle Sendung im Privatfernsehen. Ein bisschen glatt wirkt er dort immer auf mich. So kann man sich täuschen, wenn man zu sehr auf das Äußere vertraut.

Wieso kennt er sich so in der Bibel aus? Auf eine Klosterschule ist er gegangen. Sie haben ihn fasziniert, die Geschichten in der Bibel, hat er bei Gottschalk erzählt, deshalb kann er sich noch so gut erinnern. Und heute liest er sie wieder seinen kleinen Kindern vor. Weil er es wichtig findet, die Geschichten zu kennen. Ich weiß nicht, ob Markus Lanz sich selbst als Christen bezeichnet. Aber er hat etwas gesagt, was ich bei Christen wichtig finde: dass man mit der Bibel etwas anfangen kann, ihre Geschichten und handelnden Personen kennt, Abraham, Sarah, Mose, Jesus, Maria und die vielen anderen. Und sie er-innert.

Und zwar er-innert im genauen Sinn des Wortes. Erinnern, das meint ja nicht nur, mal etwas davon gehört zu haben und es wieder zusammenzubekommen. Er-innern heißt: Es in seinem Innern tragen als einen Schatz für das Leben. Nicht als Vergangenheit, sondern für die Gegenwart und die Zukunft.

Ich glaube, in der Bibel stecken Erinnerungen, die wir und unsere Kinder für die Zukunft brauchen, die immer wieder lebendig werden, Orientierung geben können in neuen Zeiten. Norbert Blüm, der auch mitgeraten hat, hat zum Beispiel die Geschichte vom barmherzigen Samariter so nacherzählt, als wäre sie heute passiert. Der Samariter ist einer, der nicht lange fragt, ob vielleicht ein anderer zuständig ist, als er den Schwerverletzten im Straßengraben findet. Stattdessen sieht er die Not, kümmert sich, verbindet ihn, gibt Geld aus und fragt auch nicht, ob er es von der Krankenkasse wiederbekommt.

Ich glaube nicht, dass wir den Opfern egal welcher Katastrophe auch helfen würden, wenn diese biblische Geschichte nicht in uns lebendig wäre. Und das müssen wir tun, wenn wir in unserer kleinen Welt mit ihren großen Problemen überleben wollen.
WS

8. Mai

Manchmal kommt zusammen, was gar nicht zusammenpasst. So zum Beispiel Gedenktage, die auf den ersten Blick nichts miteinander zu tun haben.

8. Mai 1945: Der furchtbare Zweite Weltkrieg ist zu Ende. 55 Millionen Menschen sind gefallen, umgekommen, vernichtet worden. Dieses Land, halb Europa ist ein Trümmerfeld, unendlich vieles war zusammengebrochen, und zugleich fing etwas an, was sich unsere Eltern und Großeltern an diesem Tag bestimmt nicht im Traum vorstellen konnten: ein ganz anderes Leben, Freiheit und eine Zeit des Friedens in Europa, vielleicht eine Art goldenes Zeitalter für die kommenden Jahre. Ob es so weitergeht für uns? Vielleicht nicht ganz so golden. Aber selbst wenn nicht, ein Wunder ist es trotzdem, was aus Europa nach 1945 geworden ist.

Und der zweite Gedenktag: 8. Mai 1954, im Deutschen Fernsehen wird zum ersten Mal das „Wort zum Sonntag" ausgestrahlt, bis heute ohne Unterbrechung über 2.500 Mal. Nach der „Tagesschau" ist das „Wort zum Sonntag" die zweitälteste Sendung im Fernsehen. Jeden Samstag fünf Minuten christliche Ansprache.

Das Ende des Zweiten Weltkriegs und das „Wort zum Sonntag" – 1945 und 1954. Für mich berühren sich die beiden Gedenktage in einem Menschen, der mich sehr beeindruckt hat: Heinrich Albertz. Ein Mensch mit verschiedenen Leben, hat einmal jemand über ihn gesagt: Pfarrer und Politiker von Beruf. Regierender Bürgermeister in Berlin in den 60er-Jahren ist er gewesen, damals bei den großen Studentenunruhen. Nach seinem Rücktritt wieder Pfarrer und auch „Wort zum Sonntag"-Sprecher. Sein Thema war immer wieder die Freiheit: Das war nämlich seine Lehre aus der Katastrophe des Dritten Reichs und des Zweiten Weltkriegs: wie man es schafft, sich nicht verführen zu lassen und frei zu bleiben.

Im „Wort zum Sonntag" hat Albertz einmal gesagt: *„In der Bindung an Gott gewinnst du Freiheit von allen anderen. Je mehr du dich auf Gott einlässt, desto weniger bist du den Mächtigen aller Zeiten und Orte ausgeliefert. Darum ist ein Christ immer ein kritischer, ja ein rebellierender Partner, wenn ihn die Götter und Götzen aller Programme und Ideologien in Anspruch nehmen wollen, auch wenn sie im christlichen Gewand auftreten."* Ich finde das immer noch und wieder neu wichtig.

WS

Segen für Biker

Es ist wunderschön, leider auch gefährlich: Motorrad fahren, oder auch Roller, wie ich das mache. Jedenfalls auf zwei Rädern durch die Landschaft zu schweben. Na gut, manchmal schweben wir nicht nur, sondern brettern auch. Aber es ist schön, im Frühling, wenn es endlich wieder warm ist, alles wieder anfängt zu leben. Vielleicht können Sie das nicht nachvollziehen, wenn Sie immer mit dem Auto unterwegs sind. Wir Zweiradfahrer sagen dazu manchmal ein bisschen eingebildet: „Wie im Käfig!" Glauben Sie mir: Es ist anders. Im Auto ist man abgekapselter von der Welt, bekommt sie nicht so direkt mit, sondern eher gefiltert. Auf dem Roller oder dem Motorrad ist man näher dran und drin in der Welt. Ich rieche und fühle mehr, spüre die Geschwindigkeit, mit der ich unterwegs bin, körperlich. Man bekommt die Straße direkt ins Kreuz, und das Fahren hat dennoch etwas von Leichtigkeit. Leider hat dieser schöne Spaß auch seine Kehrseite.

Zweirad fahren ist und bleibt gefährlich. Manchmal vergisst oder verdrängt man es, überschätzt sich. Oder die Kraft der Maschine verführt mich dazu, mir mehr zuzutrauen, als gesund ist. Ich versuche darum, daran zu denken, dass es Menschen gibt, die auf mich warten, und so zu fahren, dass ich meinen Teil dazu beitrage, dass wir uns wieder sehen können.

Zweirad fahren ist auch deshalb gefährlich, weil es Autofahrer gibt. Und Autofahrer schätzen uns manchmal falsch ein oder übersehen uns. Ich habe eine Bitte an Sie als Autofahrer, vor allem an schönen Wochenenden: Denken Sie daran, dass es uns gibt. Und dass wir manchmal schneller sind, als Sie denken. Nicht alles was zwei Räder hat, ist ein Fahrrad. Aber selbst wenn Sie und ich aufmerksam und vorsichtig sind, uns nicht überschätzen, gefährlich bleibt das Ganze. Für Zweiradfahrer können Fehler schnell gravierende Folgen haben.

Ich habe das Gefühl, dass man auf zwei Rädern einen Schutzengel und den Segen Gottes noch nötiger hat, als im Auto oder sonst im Leben. Ich bin froh, wenn es jemanden gibt, der mir eine gesegnete Fahrt wünscht und mich daran erinnert, wie nötig ich das habe, dass Gott mich begleitet .Ich hoffe, dass unsere Schutzengel wach sind, Ihrer und meiner.

Ich wünsche Ihnen schöne Fahrten. Fahren Sie vorsichtig, und: Gott behüte Sie, an diesem Tag und alle Tage.

WS

Hilfe für Raser

Wissen Sie, was ein Segen ist? Wenn man einen aufmerksamen Schutzengel hat, gerade, wenn man auf der Autobahn unterwegs ist. Ich wünsche einen solchen Segen vor allem den Männern. Nicht nur, weil Männer wahrscheinlich häufiger am Steuer sitzen werden als Frauen, sondern weil Männer an solchen Tagen besonders gefährdet sind. Das ist jedenfalls mein Eindruck. Gefährdet durch zwei Phänomene, die ich bei mir selbst auch kenne und die ich vor Kurzem auf der Autobahn in einer dramatischen Situation beobachtet habe. Das eine Phänomen ist die schwer kontrollierbare Aggressivität und das andere der übermäßige Adrenalinausstoß.

Die Situation: Die dreispurige Autobahn zwischen Karlsruhe und Baden-Baden. Einer überholt ein langsameres Fahrzeug, nicht besonders zügig. Jedenfalls nicht schnell genug für einen von hinten heran schießenden anderen Autofahrer. Dieser will nicht bremsen, er betätigt die Lichthupe, um den Überholenden nach rechts zu scheuchen. Aber der reagiert nicht, er beeilt sich auch nicht besonders. Dabei wäre es klug, so schnell wie möglich vor dem rasenden Hintermann zu weichen. Warum, um Himmels willen, reagiert er nicht? „Typisch Mann", wird manche Frau sagen. Ich vermute, es ist eine Stimme aus grauer Vorzeit, die ihm sagt: „Wenn du bedroht wirst, wehre dich. Nicht nachgeben. Wer nachgibt, ist kein Mann." Dem vom hinten Kommenden bleibt nur noch die Vollbremsung, sonst käme es zum Unfall. Und mit qualmenden Reifen kann er den Aufprall im letzten Moment vermeiden. Aber damit ist die Gefahr unter Männern noch nicht gebannt. Denn wohin jetzt mit der Unmenge von Adrenalin, die die beiden nun in sich haben?

Die Fahrzeuge fahren nebeneinander, die Fahrer provozieren sich gegenseitig mit Gesten, dann zieht der auf der Überholspur Fahrende nach rechts gegen den Kontrahenten, sein Fahrzeug gerät außer Kontrolle, er schleudert zweimal um die eigene Achse und kommt endlich an der Leitplanke ganz rechts zum Stehen. Einige Fahrzeuge halten an. Es ist nichts passiert. Nur ein biss-

chen Blechschaden. Es müssen eine Menge aufmerksamer Schutz-
engel im Spiel gewesen sein. Solche Schutzengel wünsche ich allen, die unterwegs sind. Und uns Männern wünsche ich, dass wir unsere Aggressionen und das Adrenalin besser beherrschen. Das ist auch ein Segen und erleichtert den Engeln die Arbeit.

WS

Zeit-Lücken

„*Planen Sie Lücken ein in Ihren Terminplan. In den Lücken passiert oft das Entscheidende.*" Dieser Rat stammt von jemandem, der auch Manager berät. Ob die Manager diesen Rat beherzi-
gen? Vielleicht eher nicht. Und Sie? Wir leben ja oft mit dem Gefühl: Wir haben zu wenig Zeit und müssen die, die wir haben, effizient ausschöpfen. Vielen geht es wie dem Außendienstmitarbeiter einer Versicherung, der zu mir gesagt hat: „Meine Chefs würden das nicht zulassen, dass ich Lücken in meinen Terminkalender einplane. Die erwarten, dass ich ein Kundengespräch an das andere knalle. Lücken-
los. Das ist für sie Effizienz." Der Managerberater meint dagegen, das sei Scheineffizienz. Wer seine Zeit selbst so dicht zuplant oder andere in so ein Korsett zwängt, der erschwert Kreativität. Denn das Entscheidende braucht Freiheit, auch in der Zeit.

Stellen Sie sich vor, Jesus hätte sich bei der folgenden Begeg-
nung keine Zeit genommen, sondern wäre dem Diktat der Zeit un-
terlegen: Er wird zu einem schwerkranken Mädchen gerufen, das im Sterben liegt. Es kommt auf jede Minute an. Jesus bricht auf, im Schlepptau ein Haufen Schaulustige. Alle wollen sehen, was pas-
sieren wird. Plötzlich bleibt Jesus stehen, keiner begreift wieso. Die Zeit drängt doch! Jesus dreht sich zu einer Frau um. Sie hat ihn in dem Trubel sachte berührt. Er hat es bemerkt, spricht mit ihr, ist ganz für sie da. Sie ist seit Jahren krank, erzählt sie. Nach einiger Zeit geht sie – geheilt, erzählt die Bibel.

Hätte Jesus sich nicht so unglaublich souverän Zeit für sie genommen, nichts wäre für diese Frau passiert. In den Lücken des Zeitdiktats geschieht oft das Entscheidende für das Leben. Vielleicht kennen Sie das auch aus eigener Erfahrung: Wie oft kommt es vor, dass die entscheidende Idee, die eine Arbeitsgruppe voranbringt, eben nicht bei einer terminierten Sitzung entsteht, sondern bei einem zufälligen Gespräch auf dem Flur. Wenn man sich die Zeit für dieses Gespräch nicht gegönnt hätte, dann hätte der kreative Geist keine Chance gehabt.

Die Atmosphäre unter Kollegen wird unproduktiv und unmenschlich, wenn Zeit fehlt für Menschliches und auf den ersten Blick Unproduktives. Ich bin sicher, es schadet der Arbeit und den Menschen, wenn wir uns die Zeit nur noch diktieren lassen. *„In den freien Zeitlücken geschieht oft das Entscheidende."*

WS

In Ordnung bringen

„So viele Menschen haben ihr Leben ganz in Ordnung gebracht – und ich?", sagt der alte Herr und wirkt dabei sehr unglücklich. Eine große Unruhe treibt ihn um. Er denkt zurück an sein Leben. Es kommt ihm vor wie ein Haus mit hundert Zimmern, und überall liegt Unerledigtes herum. Unerledigtes, das er gern bereinigen würde. Ungeklärte Beziehungen, nicht geführte Gespräche, Fehler, die er gerne wiedergutmachen würde. Es soll alles gut sein, in Ordnung. Er hat das Gefühl, dass er zu viele dunkle Flecken an sich herumträgt. Er würde gerne sauber dastehen. Aber es geht nicht. Einerseits, weil viele Menschen nicht mehr da sind, andererseits hat er auch nicht mehr genug Kraft. Vielleicht kennen Sie solche Gefühle auch, bei sich oder bei älteren Menschen, die Ihnen nahestehen.

Zwei Gedanken beschäftigen mich sehr seit diesem Gespräch: Vielleicht lassen wir wirklich manches im Leben zu lange liegen.

Wollen Gras drüber wachsen lassen und denken: So schlimm war es doch nicht, das vergisst sich und vergeht von selbst. Oder: Es hat noch Zeit, das kann man noch ein andermal klären und bereinigen. Aber wahrscheinlich ist das nicht klug, weil sich so manches Unerledigte ansammelt, was vielleicht irgendwann nicht mehr so einfach geklärt werden kann. Und so schleppen wir einiges an "Gerümpel" mit uns herum, das man besser rechtzeitig entsorgen sollte. Bereinigen und wiedergutmachen, was geht.

Und ein zweiter Gedanke: Bei dem alten Herrn ist das Gefühl ganz stark geworden, dass er sein Leben in Ordnung bringen muss. Er beobachtet sich wie ein strenger Richter und will vor sich selbst gut dastehen. Und ich glaube, auch vor Gott will er das. Eine saubere Lebensweste haben, wer wollte das nicht? Viele schaffen das auch, vielleicht, weil sie nicht so streng mit sich sind, vieles vergessen oder sich mit den Fehlern der anderen oder den Umständen entschuldigen. Aber wenn man so genau ist wie der alte Herr?

Der christliche Glaube meint: Das schafft niemand, alles in Ordnung zu bringen, ohne Makel da zu stehen am Ende. Als Mensch ist man immer unvollkommen, ein Sünder, sagen wir Christen. Aber das ist nicht das letzte Wort über uns: Gott wendet sich uns trotzdem zu, und zwar voller Liebe. Wenn Gott richtet, dann richtet er auf. Vor ihm muss man keine weiße Weste haben. Er macht uns rein mit seiner Liebe zu uns und nimmt Menschen in seine Arme wie Mutter und Vater ein Kind, das sich wehgetan hat. Dann tut es nicht mehr so weh und Wunden können heilen. Darauf können wir uns verlassen und ruhiger werden, auch der alte Herr.

WS

„Darf ich bitten?"

Eigentlich müsste ich glücklich sein oder wenigstens zu„ frieden", sagt er von sich. Aber er ist es nicht. Er weiß nicht genau, warum. Er ahnt es nur. Dass man nicht glücklich ist, will mancher oft gar nicht wissen, denn nicht glücklich zu sein macht unruhig. Sein Leben läuft in geordneten Bahnen: Erfolgreicher Anwalt, das Zuhause gepflegt, seit 20 Jahren verheiratet, zwei nette Kinder. Alles o. k. Aber glücklich ist er nicht. Etwas fehlt – die Aussicht auf ein erfülltes Leben. Soll das nur noch so weitergehen, jeden Tag immer das Gleiche? Eines Abends spürt er die Sehnsucht, die er immer vor sich versteckt gehalten hat, ganz heftig. Und er fängt etwas Neues an. Beginnt, tanzen zu lernen. Damit fängt vieles an, sich zu verändern, auch er selbst. Er – das ist John Clark, gespielt von Richard Gere in dem Film „Darf ich bitten?". Ich vermute, Sie kennen so etwas bei sich auch, spüren es vielleicht ab und zu, immer wieder wie einen Schmerz: dass das Leben zu kurz kommt, das eigene und das von anderen.

Meistens legen wir unsere Sehnsucht wieder schlafen. „Man weiß ja nicht, was kommt, ob es besser wird." Man bekommt Angst vor der eigenen Courage. Denkt: Wenn ich so bleibe, wie ich bin, dann bin ich für die Zukunft wenigstens auf der sicheren Seite. Aber das könnte ein Trugschluss sein, denn manchmal ändert sich die Zukunft dann trotzdem – ganz von selbst.

„O Heiland, reiß die Himmel auf. Herab, herab vom Himmel lauf. Reiß ab vom Himmel Tor und Tür." Das ist mein Lieblingslied in der Adventszeit. Es singt von der Sehnsucht nach Himmel. Von der Sehnsucht, dass Gott kommt. Nicht irgendwann und irgendwo weit weg von hier, sondern auf die Erde soll er kommen, damit sich etwas ändert. Damit wir nicht vertrocknen und die Sehnsucht nach Glück und einer besseren Welt einschläft. Vielleicht ist die Sehnsucht nach etwas anderem und Gutem für mich, andere und die Welt ein Licht Gottes in uns. Und es ist gut, sich zu ändern und es besser zu machen, es zumindest zu versuchen.

Die Sehnsucht wird wohl nie aufhören. Aber das ist auch in Ordnung so, weil sie niemals ganz erfüllt wird. Erst dann, wenn wir Gott sehen werden.

WS

Frauenheld

Wären Sie gerne ein Frauenheld?", so fragt die Evangelische Diakonie in Baden Männer auf ihrer Homepage. Wären Sie gern ein Frauenheld? Die Diakonie meint, es sei gar nicht so schwer, und will Männer dazu bringen, ein Held zu werden, denn manche Frauen brauchen einen Helden.

So spielerisch die Frage anfangs klingen mag, so ernst ist der Hintergrund. Es geht um Prostitution, genauer um Frauen, die zur Prostitution gezwungen werden. Diese Frauen könnten gut Helden gebrauchen, und seien es auch nur kleine Helden. Vor allem in Russland, Rumänien oder Bulgarien oder auch in afrikanischen Ländern werden Frauen mit falschen Versprechen angeworben. Man verheißt ihnen Jobs als Au-pair-Mädchen, die Heirat mit einem deutschen Mann und Ähnliches. Wenn sie hier sind, ohne Sprachkenntnisse und Arbeitserlaubnis, werden sie unter Druck gesetzt, sich an Freier zu verkaufen. Für die Polizei ist es so gut wie nicht möglich, dahinterzukommen, weil sich das Geschäft im Dunkeln abspielt und die Frauen selbst sich oft nicht trauen, ihre Not anzuzeigen.

Und genau hier setzt die Diakonie mit ihrer Frage an: „Wären Sie gerne ein Frauenheld?" Sie wendet sich an Freier, an die Millionen Männer in Deutschland, die regelmäßig zu einer Prostituierten gehen. Sie bittet sie, auf die Frauen zu achten, mit denen sie zusammenkommen, ob es Anzeichen von Gewalt gegen sie gibt, egal ob physische oder psychische, und es zu melden, wenn ihnen etwas verdächtig vorkommt. Auf der Homepage „Frauenheld-sein" kann man das anonym tun. Den Hinweisen wird dann nachgegangen. So hofft die Diakonie, den Frauen, die zur Prostitution gezwungen werden, helfen zu können. Die Freier können anonym bleiben, aber doch immerhin kleine Helden sein.

Wie kommt die evangelische Diakonie dazu, sich in so einem Feld zu engagieren, fragen Sie vielleicht. Sie orientiert sich an Jesus und seinem Verhalten: Wie Jesus hat sie keine Berührungsängste. Er hat sich bewusst und offen auch Menschen zugewandt, die als „anrüchig" galten. Und so versucht auch die Diakonie, wenn ihr Not offenbar wird, den Betroffenen beizustehen. Die Diakonie heißt Prostitution nicht gut, aber sie engagiert sich für die Schwächeren, für die Frauen, die zur Prostitution gezwungen werden. Und für die, die keinen anderen Weg sehen in ihrer Not. Deshalb wendet sie sich an die Freier. Manchmal müssen wir Männer anscheinend geschubst werden, damit wir die Rolle als Frauenheld übernehmen.

WS

David Beckham

Manchmal verstehe ich die Welt nicht, die Logik, mit der sie funktioniert. Ein Beispiel: Der Fußballspieler David Beckham wechselte von Real Madrid nach Los Angeles. Er soll dort in fünf Jahren knapp 200 Millionen Euro verdienen. Fast 110.000 Euro jeden Tag. Und das für ein Fußballidol, das seinen Leistungszenit überschritten hat! Wie viele Familien wären froh, sie hätten eines seiner Tagesgehälter, das würde ihnen für die nächsten drei Jahre reichen. Verstehen Sie das? Ich nicht.

Dabei kann man es vernünftig nennen, wirtschaftlich betrachtet. Er ist sein Geld wert. Sein neuer Verein und die Konzerne, für die Beckham wirbt, werden wohl an ihm verdienen. Denn David Beckham ist mehr als nur ein Fußballer. Er ist als Person ein „Produkt", das die 200 Millionen Euro wieder einspielen wird. Genauer sein Name und noch mehr sein Bild. Millionen von Kindern wollen das Trikot mit Beckhams Namen tragen, sich etwas von seinem Glanz und Können überstreifen. Kinder in Shanghai, in Soweto, Kairo, in Alzey und in Biberach. David Beckham ist eine globale „Ikone", eine Lifestyle-Ikone, mit der man weltweit Modelinien, Handys, Softdrinks vermarkten kann. Wie gesagt: wirtschaftlich vernünftig ist das. Aber ist es nicht auch eine „verkehrte" Welt?

Ein Fußballer als globale Ikone? Je mehr ich darüber nachdenke, desto mehr Fragen kommen mir. Ikonen sind immer schon

Sinnstifter und Sinnträger gewesen. Bilder von Menschen, die andere verehrungs- ja sogar anbetungswürdig fanden. Oder Vorbilder für den Glauben und das Leben, Heilige früherer Zeiten. Aber auch Menschen wie Mutter Theresa, Martin Luther King, Nelson Mandela. Menschen, deren Verhalten einen weiterbringt, tröstet, ermutigt, bildet.

Welchen Lebenssinn vermittelt die globale Ikone David Beckham? Was lernen Kinder von ihm? Vielleicht hilft er ihnen, beim Nacheifern zu entdecken, was alles in ihnen steckt. Und besser sie lernen Fußball spielen als Krieg führen. Ein David Beckham ist mir als Ikone allemal lieber als Osama Bin Laden oder sonst ein Kämpfer, der über Leichen geht.

Aber unsere Kinder brauchen doch mehr als Sinn für Lifestyle und Spiel. Sie brauchen Ikonen, die mehr geben können.

Die sinnvollste Ikone ist für mich immer wieder Jesus. Nicht nur der am Kreuz, sondern zum Beispiel so wie auf dem Bild von Leonardo da Vinci beim letzten Abendmahl. Jesus legt den Arm um einen Jünger. Ein wunderbares Sinnbild: Jesus umarmt mich. Oder Jesus auf einem Plakat von Oskar Kokoschka: Ein kämpferischer Jesus wendet sich vom Kreuz herab Kindern zu, die hungern. Solche Ikonen versprechen nicht so viel Gewinn, aber dafür umso mehr Sinn.

WS

Fußballgebet

Ich liebe Fußball, bin oft auf dem Sportplatz. Und wenn im Fernsehen der Ball rollt, sitze ich davor und fiebere mit. Vielleicht übertreibe ich es manchmal sogar und gebe zu viel von meiner Lebenszeit dafür her. Aber auf eine Idee komme ich bestimmt nicht: Fußball sei eine Religion. Und darum ärgert mich ein Werbespot im Fernsehen jedes Mal, wenn ich ihn sehe. „Eure Gebete wurden erhört", heißt es da auf allen Kanälen. Und wer hat da angeblich gebetet? Die Zuschauer, die endlich wieder die Bundesliga bei einem Pay-TV-Sender sehen können, wenn sie dafür ordentlich zahlen. Und der unsägliche Gipfel dieses pseudoreligiösen Werbespots: Der sogenannte Kaiser, Franz Beckenbauer mit Namen, lächelt und tönt: „Gott sei Dank." Welchen Gott meint er da bitteschön? Ja, sind die denn von allen guten Geistern verlassen?

Fußball ist ein wunderschönes Spiel, aber keine Religion. Ich weiß, dieser Fernsehsender hätte es gern, dass immer mehr Menschen für ihre Fußballliebe Opfer bringen, Geldopfer in Form von Abonnements. Ich habe nichts dagegen, dass der Sender Kunden wirbt. Und wenn der Geldbeutel der Familie es hergibt, warum nicht? Ich weiß auch, dass mancher Fan dem Fußball doch schon zu viele Opfer bringt, viel Zeit und Geld, die dann woanders in der Familie fehlen, der Frau, den Kindern. Ich finde, wer Fußball zur Religion macht, im Fernsehen und im Leben, der überzieht. Dazu ist mir die Religion zu wichtig. Und der Fußball. Als Spiel, aber nicht als Religion.

Damit der Fußball ein tolles Spiel bleibt, kann es allerdings nichts schaden, die Hände zu falten und zu beten, zum Beispiel für die Zehntausende von Spielerinnen und Spielern, die am Wochenende kicken, dass sie wieder gesund vom Platz herunter kommen, dass sie bei allem Einsatz den Gegner nicht verletzen. Dass sie den Gegner achten und er ihnen nicht zum Feind wird, wir Zuschauer uns nicht vergessen, sondern Fans bleiben, keine Fanatiker. Dass wir unsere Siege ohne Häme feiern und Niederlagen menschlich akzeptieren, die Gewaltbereiten zur Besinnung kommen, Rasse und Herkunft egal sind. Dass Polizisten und Ordner klug und besonnen ihre Arbeit tun, das Spiel immer ein Spiel bleibt, das Lebensfreude schenkt und sich zu lieben lohnt.

WS

Seelenverkäufer

Was muss man Menschen bezahlen für ihre Seele? Wie viel Geld ist sie ihnen wohl wert?" Diese Frage hat sich ein Journalist gestellt und folgendes Experiment versucht: Er hat einen Stand auf dem Marktplatz aufgebaut, ein bisschen Werbung und Kaufverträge gedruckt, damit alles ernsthaft und seriös wirkt. Sein Angebot – es ist schon ein paar Jahre her –: „Verkaufen Sie mir Ihre Seele für 50 Mark. Sie bekommen das Geld, ich Ihre Unterschrift, dass Sie mir alle Rechte an Ihrer Seele übertragen."

Das Ergebnis seines Experiments? Die meisten Passanten waren nicht bereit, ihre Seele zu verkaufen. Einige schon. Es gab heftige Diskussionen, was das soll, ob das überhaupt geht. Ein Vater wollte auch die Seelen von Frau und Tochter vermarkten. Aber die beiden Frauen haben heftig protestiert. Aber das tollste Erlebnis für ihn war: Ein Obdachloser war zunächst bedenkenlos bereit, das Geschäft mit seiner Seele zu machen. Aber zehn Minuten später kam er wild protestierend zurück und wollte es rückgängig machen: „Sogar jedes Tier hat eine Seele, ich kann nicht ohne Seele leben, ich will sie wiederhaben", rief er.

Das Experiment muss man nicht so ernst nehmen, sagen Sie, man kann eine Seele nicht verkaufen wie ein Ding. Und doch kennen wir alle den Satz: Er hat seine Seele verkauft. Wir meinen damit einen Menschen, der sich selbst verraten, sich preisgegeben hat, der sich selbst untreu geworden ist, gegen sein Gewissen gehandelt hat. Es sind Menschen, die nicht mehr aufrichtig leben. Politiker, die sich ihr Amt mit Vorteilen versüßen lassen, Fußballer, die für Geld ihren Verein im Stich lassen, verheiratete Menschen, die für ein kurzes Vergnügen ihre Familie aufs Spiel setzen, weil sie nicht ihrem Herzen folgen, sondern der Macht, dem Geld, weil sie sich Ideologien unterwerfen, sich blenden lassen.

Jesus warnt in der Bibel: „Was hilft es dem Menschen, wenn er die ganze Welt gewinnt und dabei Schaden nimmt an seiner Seele?" Er weiß, das gibt es. Seelen werden verkauft, jeden Tag zu Tausenden. Und ich bin davor nicht gefeit, und Sie auch nicht. Ich

glaube, jeder ist verführbar, Dinge zu tun, die ihm eigentlich zutiefst widersprechen und schaden. Darum empfiehlt Jesus: Achte auf deine Seele, auf dein Gewissen, lass sie nicht zu kurz kommen: Geld, Macht und äußeres Ansehen sind niemals so wichtig wie deine Seele und wie echte Beziehungen zu anderen Menschen.
WS

Loben lernen

Loben muss man können. Man muss es überhaupt können, finde ich, und auch richtig. Richtig loben ist nicht ohne. Ich tue mich schwer damit, vielleicht hat das mit meiner evangelischen Erziehung zu tun: Bloß nicht zu viel loben, so die Devise, damit der Mensch nicht abhebt. Unbescheiden sein ist unchristlich, lieber ein bisschen zu viel Kritik als zu viel Lob. Inzwischen meine ich: Loben können gehört zum Christ werden dazu. Wieso?

Ich erzähle es am Beispiel eines Vaters, denn ich beobachtet habe. Der Sohn hat mit seiner Mannschaft ein schweres Fußballturnier gewonnen. Ziemlich überraschend, die Gegner waren eigentlich viel stärker. Aber die Mannschaft hatte prima gespielt, auch der Sohn. Die Jungs kommen von der Siegerehrung zurück, ausgelassen und fröhlich, dem Vater schaut der Stolz aus allen Knopflöchern. Er gibt dem Sohn einen coolen Klaps, „Klasse gemacht!". Und dann: „Aber im zweiten Vorrundenspiel, da hättest du doch das Tor machen müssen!" Warum dieses Ja – aber? Verstehen Sie, was uns da reitet? Er soll nicht überheblich werden. Würde der Sohn durch ein ungeschmälertes Lob überheblich? Ich glaub nicht. Dieses „Aber" bewirkt stattdessen etwas anderes: Es schmälert die Freude, macht sie madig. So, wie wenn ich in einen tollen Apfel beiße, und auf einmal grinst mich ein Wurm an. Ich glaube, man muss wirklich Menschen ungeschmälert loben können, denn loben baut den anderen auf, macht ihm das Leben besser, innerlich vor allem. Dass es vielleicht auch noch etwas zu verbessern gibt, das hat Zeit, bis man sich zu Ende gefreut hat. Man muss loben können, richtig und herzlich, als Mensch und als Christ. Für mich gehört zum Loben lernen auch, Gott loben zu lernen. *„Lobe den Herrn, meine Seele, und vergiss nicht, was er dir Gutes getan hat",* heißt es in einem Psalm. Ich glaube, die Bibel meint wirklich, dass es Gott gut tut, wenn Menschen loben. Dass Gott sich daran freut. Und noch etwas: Gott loben für das, was einem gut tut, für die gute Schöpfung, das tut auch dem gut, der lobt. Wenn man ein Lob ausspricht, spürt man oft erst richtig, was man alles Gutes hat.

Und: Wenn ich am Morgen Gott zuerst für das Gute lobe, kann ich vielleicht auch dem Schlechten und Schwierigen standfester begegnen. Loben muss man *können.* – Loben muss man können.

WS

Innere Wärme

Schal und Mantel reichen nicht, wenn einem innerlich nicht warm ist. Vielleicht kann man sogar sagen: Von außen, von anderen gewärmt, umsorgt, geliebt werden reicht im Grunde nicht, wenn es in einem selbst kalt ist.

Manche sagen ja, Männer würden es erst einmal so probieren, ließen sich gern versorgen. „Männer lassen lieben" heißt ein Buch, das ein Mann geschrieben hat. Männer möchten geliebt werden, steht da, damit ihnen warm wird und sie sich wohlfühlen können. Aber irgendwie ist das anscheinend doch nicht genug. Das Bedürfnis nach Wärme bleibt. Von innen heraus muss die Wärme kommen, damit einem wirklich warm ist. Von innen wärmt zum Beispiel ein Glühwein, das wohl. Aber von dem süßen Zeug wird einem leicht schlecht und hinterher gibt es Kopfweh. Trotzdem: etwas Warmes braucht der Mensch. Was könnte das sonst noch sein?

Gott geht einen anderen Weg, damit es uns Menschen warm ums Herz wird. Er schickt uns dazu ein Kind. Da geht nicht nur den Frauen das Herz auf. Jeder Vater, jeder Onkel und Großvater, der schon einmal so ein Neugeborenes auf dem Arm gehabt hat, wird verstehen, wie das ist. Sogar große Brüder werden ganz sanft und zärtlich, wenn sie ihr kleines Geschwisterchen auf den Arm nehmen dürfen. Ein Säugling wärmt einem das Herz, weil er so klein, so schwach, so hilfsbedürftig ist – so angewiesen. Hilfsbedürftig und angewiesen, angewiesen auf mich: So ein Säugling weckt die Liebe und die Fürsorge, weckt meine Liebe und meine Fürsorge. Und wo die Liebe wach wird und die Fürsorge für einen anderen, da wird einem ganz warm.

Wir Christen glauben, in einem Kind in der Krippe ist Gott selbst zur Welt gekommen. Das ist sein Weg, damit uns Menschen warm wird, damit es warm wird unter uns. Einem Säugling kann man nicht befehlen, den kann man nicht bestechen, einen Säugling kann man nicht unter Druck setzen. Man kann auch nicht fragen: „Was bringt mir das, wenn ich mich um ihn kümmere?" Einen Säugling kann man nur lieb haben, ihm gut zureden und ihn versorgen, weil er es braucht, damit er wachsen kann. Weil er mich braucht, damit er wachsen kann.

Das ist Gottes Weg, uns von innen heraus warm zu machen: Er weckt unsere Liebe und Fürsorge. Wer sich auf diesen Weg einlässt, der wird spüren, wie es ihm warm wird. Und ab und zu ein Glühwein schadet bestimmt auch nicht.

LP

Geliebt

Die Liebe geht manchmal komische Wege. Zum Glück. Menschen werden geliebt, und man weiß eigentlich gar nicht, wieso, womit sie das verdient haben. Die Bibel erzählt an vielen Stellen davon. Von Jakob zum Beispiel: Die Frauen lieben ihn, obwohl man es eigentlich nicht versteht. Dass er sich besonders liebenswert verhielte, kann man nicht behaupten. Im Gegenteil. Jakob ist ein Mann, ähnlich wie Sie und ich. Die Wege, auf denen er seine Ziele verfolgt, sind oft reichlich krumm. Er trickst und versucht sich durchzuschlängeln. Die Wahrheit offen sagen, das ist nicht seine Stärke. Mehr noch: Seinen Bruder betrügt er auf trickreiche Weise um dessen Erbrecht mit der Hilfe seiner Mutter, die Jakob mehr liebt als den Bruder. Verstehe einer die Wege, die die Liebe manchmal nimmt.

Aber nicht genug, dass er seinen Bruder überlistet, er erschwindelt auch noch den Segen seines alten, beinahe blinden Vaters. Nein, ein Mensch, den man lieben müsste, ist dieser junge Mann wirklich nicht. Seine Mutter liebt ihn trotzdem. Aber vielleicht brauchen wir Menschen, die dem Jakob ähnlich sind, solch unverdiente Liebe besonders. Liebe – geschenkt, unverdient, weil wir ohne sie vertrocknen und eingehen würden, vor allem die labilen Charaktere unter uns.

Auch als Erwachsener lebt Jakob nicht viel anders. Wirklich geradliniger und aufrechter wird er nicht. Er schlängelt sich weiter durch. Wirtschaftlich ist er sehr erfolgreich. Was er anpackt, gelingt. Aber offen mit anderen Menschen sein, das kann er nicht. Widerstände umgeht er lieber und hält sich immer eine Rückzugsmöglichkeit offen. Als es ganz ernst wird, schickt er seine Frauen vor und geht hinter ihnen in Deckung. Nein, ein Held ist dieser Mann nicht. Aber ist er da so anders als viele von uns?

Immerhin – lieben kann er. Das traut er sich. Aber auch bei ihm geht die Liebe komische Wege. Jakob gerät zwischen zwei Frauen, Schwestern sogar. Die Jüngere wird die Liebe seines Lebens. Ob sie ihn genauso liebt, da bleiben Zweifel. Umso mehr liebt ihn die ältere Schwester. Aber die mag er nicht. Die Liebe geht sehr eigene Wege. Erzwingen kann sie keiner oder verdienen. Aber sie findet auch die, die sie nicht verdient haben, so wie diesen krummen Kerl Jakob.

Mich berührt das sehr. Ich finde das ein großes Wunder. Dass es das gibt, unverdiente Liebe! Immer wieder erzählt die Bibel davon und sagt: Sie ist ein Geschenk Gottes für Menschen wie Jakob, der mir in vielem so modern und bekannt vorkommt.

WS

Versprechungen

„Kann es sein, dass ein Mann so falsch spielen kann? Obwohl er doch wissen muss, wie weh er ihr damit tut. Wieso tut er das?", hat mir eine Frau über einen Bekannten geschrieben. Eigentlich will sie es nicht glauben, dass erwachsene Menschen so sein können. Aber wir können. Menschen versprechen, dass sie es ernst meinen mit der Liebe, machen schöne Worte, und wenn der andere sich darauf einlässt, dann sind sie am Ziel und ziehen weiter. Warum können Männer so falsch spielen, ihr Versprechen verraten? Ich vermute, nicht nur Männer können so mit der Liebe spielen, und was schlimmer ist: Sie spielen so ja mit einem anderen Menschen. Drei Gedanken sind mir dazu durch den Kopf gegangen.

Der erste: Es gibt Menschen, die sind nicht fähig, dauerhaft zu einem Menschen zu stehen, nicht mehr fähig, oder sie wollen es nicht. Sie suchen keinen Menschen, sondern spielen Beziehung. Wer so leben will, sollte es aber offen sagen und nicht mehr versprechen, als er halten kann oder will. Sich nicht versprechen, vor allem keinem anderen, der nicht wie er auch nur spielen will. Sonst wird aus dem Versprechen Verrat. Und Verrat verletzt tief.

Der zweite Gedanke: Es kommt auch vor, dass der eine mehr hört als der andere überhaupt verspricht, weil er oder sie mehr hören will, mehr sucht als der andere, sich mehr erhofft als der andere. Ich weiß, wie schwer es ist, seine tiefsten Wünsche und Hoffnungen zu offenbaren. Vor allem, wenn eine Liebe gerade erst anfängt, wenn man das Vertrauen erst übt und Angst davor hat, dass man enttäuscht wird, wenn man sich öffnet. Trotzdem glaube ich, es geht nicht anders – der andere muss wissen, zumindest ungefähr, wie viel man von ihm erwartet oder erhofft. Zwei, die schon vieles erlebt haben, müssen sich zuerst öffnen, sagen, was sie erwarten, und dann entscheiden, ob und was sie dem anderen versprechen können.

Und der dritte Gedanke: Wenn man merkt, dass der andere falsch gespielt hat, dann kann es wohl kaum weitergehen mit diesem Menschen. Da hilft wohl nur, das Ganze zu beenden, auch wenn es wehtut. Schluss der Beziehung mit diesem Menschen. Aber nicht Ende mit der Liebe. Ich glaube an den Satz aus Bibel: Die Liebe hört niemals auf. Wir Menschen lieben manchmal sehr merkwürdig, wir können die Liebe sogar verlieren und verraten, aber sie hört nie auf. Ich hoffe, dass sie als Kraft in Ihrem und meinem Leben bleibt. Dass auch jemand, der enttäuscht worden ist, wieder den Mut findet, sie zuzulassen. Die Liebe verändert ihre Gestalt, aber sie hört nie auf.

WS

Peter und Paul

Peter und Paul – gemeint sind Petrus und Paulus, die beiden führenden Männer der ersten christlichen Gemeinden. Am 29. Juni haben sie einen gemeinsamen Gedenktag. Petrus war einer der Jünger Jesu. Ein Fischer, ein einfacher Mann. Mit seiner Familie lebte er am See Genezareth, und wenn der Fang mal ein paar Tage nicht so gut war, dann hatte er Sorgen. Aber eines Tages kam Jesus vorbei, Petrus hörte ihm zu und begriff: So, wie es immer war, kann es nicht bleiben. Es wird Zeit, neu und anders anzufangen, mit dem Fischfang und auch sonst. Er versuchte es, wie Jesus es ihm geraten hatte. Und der Fang war riesig. Jetzt war Petrus überzeugt: Von diesem Jesus kann man lernen, wie das Leben gelingt. Davon wollte er mehr wissen. Deshalb zog er mit ihm, wurde ein begeisterter Schüler. Als es gefährlich wurde, wurde er auch ein mutiger Verteidiger des neuen Glaubens. Aber dann war er doch zu feige, knickte ein vor einer neugierigen Küchenmagd. „Ich habe nichts mit diesem Jesus zu tun!", sagte er und machte sich davon, um ein paar Stunden später bitterlich über sich selbst zu weinen. Aber trotzdem legte Jesus ihm schließlich das Schicksal der ersten Christen in die Hände, und Petrus übernahm die Verantwortung.

Ganz anders war Paulus. Ein jüdischer Schriftgelehrter, Theologieprofessor würden wir heute vielleicht sagen. Er konnte Griechisch, lebte in der Hauptstadt Jerusalem und hielt die neue Glaubensrichtung der Christen für eine gefährliche Schwärmerei. Paulus verfolgte die kleinen christlichen Gemeinden an verschiedenen Orten und zerrte die Anhänger des neuen Christenglaubens vor die Religionsgerichte. Bis er selbst von dem neuen Glauben überwältigt wurde. „Gott selbst hat mir die Augen geöffnet", erklärte er später. Und Paulus war bereit, radikal umzudenken. Er blieb nicht stur beim Alten, er hatte keine Angst, das Gesicht zu verlieren. Paulus hatte den Mut, neu und anders anzufangen, ganz egal, was die Leute von ihm denken mochten. Er begann, in der ganzen damals bekannten Welt den Glauben der Christen bekannt zu machen. Seine Briefe an Gemeinden in Rom, in Griechenland und in der heutigen Türkei finden sich im Neuen Testament.

Petrus und Paulus, Peter und Paul. Zwei ganz unterschiedliche Männer, die beide erlebt hatten: Gott ist größer als unsere Prinzipien und unsere Urteile. So wird immer neu Leben möglich. Auf der Erfahrung dieser beiden Männer gründet die Kirche.

LP

Nikolaus

Zum Glück haben wir Männer ja nicht so viel Stress mit „dem Advent", hat mir ein Mann gesagt. „Höchstens, dass man mal im Kindergarten den Nikolaus spielen muss: auf nette Art streng sein mit den Kids, damit es was nützt und sie trotzdem keine Angst kriegen", hat er noch hinzugefügt. Der Nikolaus kommt polternd an, weiß irgendwie Bescheid, redet von dem, was ich oder was wir miteinander verkehrt gemacht haben, mahnt, dass das besser werden muss und schließlich kriegt man doch was Süßes, damit man nicht zu weinen anfängt. Der Nikolaus als Helfer für die Erzieherinnen, damit die Kinder brav sind – so wie man früher die Väter im Notfall als Erziehungshilfe missbraucht hat. Schade eigentlich. Als meine Kinder im Kindergarten waren, war das Gott sei Dank anders.

Und der wirkliche Nikolaus, auf den dieser Brauch zurückgeht, der war ja wohl auch anders. Er war der Bischof von Myra in der heutigen Türkei. Im vierten Jahrhundert nach Christus hat er gelebt. Ob er manchmal auch streng war, das weiß ich nicht. Das eigentlich Besondere an ihm war, dass er großzügig und fürsorglich und heute würden wir sagen: unbürokratisch war. Es wird von ihm erzählt, dass er während einer Hungersnot, als die Getreidepreise astronomisch hoch waren und die Menschen das Brot nicht mehr bezahlen konnten, die Kirchenschätze hergab, um den Hungernden Brot kaufen zu können.

Besonders eindrücklich aber fanden die Menschen wohl die Geschichte von den Geschenken, die er in der Nacht brachte. Eine Familie, heißt es, hatte drei Töchter. Die Leute waren so arm, dass sie ihren Töchtern keine Aussteuer geben konnten. Deshalb hatten die keine Aussicht zu heiraten. Sie hätten sich irgendwie selbst durchbringen müssen, und dazu gab es damals für Frauen eigentlich nur eine Möglichkeit: Prostitution. Der Bischof Nikolaus, so geht die Geschichte weiter, hörte davon und warf den jungen Frauen in der Nacht drei goldene Äpfel durchs Fenster. Damit waren die Aussteuer und die Heirat und ein einigermaßen sorgenfreies Leben gesichert.

Der Nikolaus war also einer, der nicht lange fragte: Wie konnte denn das passieren? Der den Leuten auch keine Vorwürfe machte: Wieso eigentlich könnt ihr nicht selbst für euch und eure Kinder sorgen? Er hatte auch nicht die üblichen Bedenken: Wenn ich hier jetzt etwas gebe, dann stehen morgen ganz viele andere vor der Tür. Manchmal muss man einfach großzügig sein. Großzügig und fürsorglich und freundlich. Ein Freund der Menschen. Das wäre schön, wenn Kinder das von den Männern lernen könnten. Weil die doch manchmal den Nikolaus spielen müssen.

LP

Engel ohne Flügel

Engel haben Konjunktur. In Scharen bevölkern sie die Kaufhäuser, man sieht sie auf Servietten und Geschenkpapier, sie dienen als Kerzenhalter oder Werbeträger für Unterwäsche.

Selbstverständlich sehen sie nicht wirklich so aus, die Engel. Bloß die Maler haben sie früher so dargestellt, weil sie den Betrachtern bestimmte Dinge klarmachen wollten. Zum Beispiel, dass die Engel vom Himmel, also von Gott kommen. Deshalb haben die Maler ihnen Flügel gemalt. Eigentlich aber sehen Engel natürlich nicht so aus. Wahrscheinlich sehen sie überhaupt nicht irgendwie besonders aus. Wenn in der Bibel von Engeln erzählt wird, dann ist gerade das das Besondere, dass sie nicht irgendwie besonders sind. Ausdrücklich wird betont, dass die Menschen, denen ein Engel begegnet, diesen zuerst gar nicht erkennen. Erst später, wenn sie Hilfe bekommen haben, Beistand, Schutz, Rat, Trost, dann begreifen die Menschen auf einmal: Das kam von Gott. Da hat mir Gott selbst jemanden zur Hilfe geschickt. Das war ein Engel. „Du bist ein Engel", sagt man ja deshalb auch manchmal zu jemandem, der geholfen und geraten und mir beigestanden hat. Es gibt ein sehr schönes Gedicht von Rudolf Otto Wiemer, in dem das festgehalten ist. Es geht so:

Es müssen nicht Männer mit Flügeln sein,
die Engel.
Sie gehen leise, sie müssen nicht schrein,
oft sind sie alt und hässlich und klein,
die Engel.
Sie haben kein Schwert, kein weißes Gewand,
die Engel.
Vielleicht ist einer, der gibt dir die Hand,
oder er wohnt neben dir, Wand an Wand,
der Engel.
Dem Hungernden hat er das Brot gebracht,
der Engel.
Dem Kranken hat er das Bett gemacht,
er hört, wenn du ihn rufst, in der Nacht,
der Engel.
Er steht im Weg und er sagt: Nein,
der Engel,
groß wie ein Pfahl und hart wie ein Stein,
es müssen nicht Männer mit Flügeln sein,
die Engel.[3]

Dieses Gedicht erzählt so wunderbar alltäglich von den Engeln. Und ich glaube fest, dass Gott mir seine Engel schon oft geschickt hat und immer wieder schickt, wenn ich jemanden brauche, der mir beisteht. Ich glaube auch, dass Gott ab und zu mich braucht, wenn ein anderer einen Engel nötig hat. Das Gedicht über die Engel, die nicht Männer mit Flügeln sein müssen, erinnert mich daran.

Aber wissen Sie, was ich am schönsten finde an diesem Gedicht? Dass es so selbstverständlich davon ausgeht, dass Engel nicht immer bloß Frauen sind, schon gar keine Säuglinge mit dicken Backen, sondern auch: Männer! Gerade Männer können Engel sein. Und Flügel müssen die auch nicht haben.

LP

[3] Rudolf Otto Wiemer, Der Augenblick ist noch nicht vorüber, Kreuz Verlag, Stuttgart 2001

Bibliografische Information der Deutschen Bibliothek:
Die Deutsche Bibliothek verzeichnet diese Publikation in der Deutschen Nationalbi-
bliografie; detaillierte bibliografische Daten sind im Internet über http://dnb.ddb.de
abrufbar

Typografie und Satz: Atelier Reichert, Stuttgart
Druck: Freiburger Graphische Betriebe, Freiburg i. Br.
Umschlaggestaltung: Atelier Reichert, Stuttgart
Titelfoto: aboutpixel.de / phager

ISBN 978-3-7918-8010-5